지금, 여기의 극우주의

Memento hoc Momentum : 이 순간을 기억하라

모멘툼 vol. 01

지금, 여기의 극우주의

박 권 일

김 민 하

김 진 호

남 상 욱

문 순 표

이 택 광

자음과모음

모멘툼 시리즈를 시작하며

위기의 시대는 기존의 언어로 규정할 수 없는 상황을 의미하는 것이다. 주어진 언어로 설명할 수 없는 것들이 인식의 틈을 비집고 들어올 때, 비로소 위기는 실감을 전한다. 이런 의미에서 위기는 무엇보다도 재현의 문제다. 재현의 위기는 곧 현실의 변화를 암시한다. 재현되지 않았던 것, 또는 재현을 위해 배제되었던 것이 돌아오는 것을 위기라고 부를 수 있을 터이다.

지금 한국에서 벌어지고 있는 상황은 참으로 극적이다. 부분적 민주화를 가능하게 했던 '1987년 체제'는 한계 상황을 맞이했고, 신자유주의를 기조로 삼은 경제체제는 심각한 불평등 사회를 남겨놓았다. 숱한 진단과 처방이 난무했지만, 뚜렷한 방책은 어디에도 없었다. 어제의 좌파가 오늘의 우파가 되고, 민주주의라는 밝은 빛은 극우주의라는 어두운 그늘을 만들어놓았다.

냉소주의와 함께 확산해온 반지성주의는 기성 지식인의 탈권위화를 추진했다는 점에서 긍정적인 측면도 있지만, 동시에 '생각하지 않는 개인'을 절대시하고 자연화하는 경향을 보여주기도 했다. 생각하는 것보다도 생각하지 않는 것을 미덕으로 간주하는 이런 태도는, '경제적 인간'을 삶의 지표로 설정하는 무한 경쟁의 각자도생을 사회적 모순에 대한 해결보다 우위에 놓게 만들었다. 모두가 아프다고 고백하면서도 정작 그 아픔의 원인을 돌아보고 제거하자는 목소리는 외면당했던 것이다.

2012년 이후 한국은 또 다른 국면에 접어들었다고 할 수 있다. 진보와 보수라는 이념적 대립은 무의미해졌고, 진보주의는 완전히 명분을 상실한 것 같았다. 상징적인 의미에서 진보 정당은 의회정치제도 내에서 아무런 의미를 가지지 않게 되었다. 이런 조건에서 지금 한국에서 절실하고 중요한 것은 진보의 가치보다도, 오히려 그 진보의 가치를 왜 추구해야 하는지, 그 근본적인 대의에 대한 질문인 것처럼 보인다. '운동권주의'의 소멸과 새로운 정치에 대한 열망은 앞으로 고민해야 할 진보의 문제가 무엇인지 본격적인 고민을 요청하고 있다.

한때 유행했던 '무크지 운동'을 되살려야 할 필요성은 이와 같은 상황에 따른 것이다. 1980년대에 군사독재가 언론 통폐합을 단행하고 잡지를 대거 폐간시키자, 그 대응으로 등장한 것이 바로

'무크지 운동'이었다. 단행본과 잡지가 진지전이라고 한다면, 잡지와 단행본의 장점을 살린 무크지는 유격전이라고 할 만하다. 물론 지금 상황을 당시와 동일하다고 할 수 없지만, 시장주의라는 새로운 변수가 '무크지 운동'의 명분을 만들어주는 것 같다.

편집 동인을 중심으로 그때그때 사안에 따라서 무크지는 정체성을 달리할 것이다. 단행본이자 잡지로서 무크지는 독자에게 완결된 논의를 전달하면서 또한 기동성을 보여줄 수 있겠다. 각자가 독립적이지만 각자의 논의가 내적인 논리에 따라 수미일관하게 꿰어질 수 있는 기획을 선보일 예정이다. 위기에 대한 묘사를 넘어서서 그에 대한 실질적 대안도 모색할 수 있는 시도들이 되었으면 한다.

2014년 11월

이택광

낡고 새로운 극우의 시대에 관한 진단서

일간베스트저장소(일베)가 물의를 일으키자 많은 매체가 '새로운 극우파가 등장했다'며 호들갑을 떨었다. 분명 그들을 새로운 극우파라 말할 수 있을 테지만, 일베는 그 규모와 자극적인 행동 때문에 과잉 대표된 감이 없지 않다. 일베는 최초의 넷우익도, 유일한 넷우익도 아니다. 그들보다 훨씬 이전에 더욱 강력한 담론 체계를 갖춘 대형 넷우익들이 존재하고 있었다. 반이주노동자 커뮤니티들이 대표적이다. 최근에는 과거 잔혹한 양민 학살을 저지른 서북청년단의 후예를 자처하는 세력이 당당히 광장에 등장해 충격을 주기도 했다.

몇몇 국제이주 문제 전문가들은 다문화주의가 한국만큼 빨리 자리 잡은 사회가 드물다고 지적한다. 그런 면에서 극우주의에 대한 우려가 지나치다는 반론이 나올 수도 있겠다. 확실히 한국은 온정적 다문화주의가 일종의 상식으로 인식된 사회이기는 하다. 그러나 한국의 다문화주의는 국가 주도 캠페인이 적절한 시기에 본격화된 데 힘입은 것이지 한국이 개방적이고 진보적인 사회였기 때문은 아니었다. 최근 들어 이주노동자에 대한 사회적 증오와 혐오가 확산되면서 그나마 존재하던 다문화주의의 '약발'도 급격히 떨어지는 중이다. 기성 정당의 극우화를 촉발할 사회적 조건은 하나하나 확실히 축적되는 중이다. 한마디로, 한국 사회에서 극우주의는 이제 일상이 되었다.

2014년 9월 『경향신문』은 "극우주의 또는 극단주의 연구의 권위자로 국제적 명성을 얻고 있다"라는 토마스 그룸케 교수와의 인터뷰를 기사화했다. 그룸케 교수는 인터뷰에서 "소비자본주의와 결합한 민주주의가 정체성과 인정에 커다란 공백을 남겨두었고, 그 공백으로 들어오는 것이 극우주의나 이슬람 근본주의"라고 지적하면서 "사회적 변화를 수용하지 못하고 저항하는 게 극우주의"라고 정리한다. 그룸케 교수는, 독일 학자답게도, 극우주의가 정체성이나 인정 욕구와 직결한 이슈라고 생각하는 것 같다. 한국 넷우익의 중요한 축인 반이주노동자 커뮤니티들을 보면 확실히 그런 특성이 농후하다. 경제주의, 순혈주의, 우파적 공동체주의 등 서구 사회의 극우주의자들과 유사한 담론 전략과 멘탈리티를 보인다.

그러나 일베의 경우 그것만으로는 결코 전모를 파악할 수 없다. 일베는 소비자본주의와 결합한 민주주의의 공백에 침투한 극단주의라기보다 소비자본주의의 극단에서 발생하는 주목 경쟁의 영역에 놓여 있다. 그것은 정당성을 놓고 벌이는 투쟁이 아니라 쾌락을 놓고 벌이는 경쟁이다. 반이주노동자 커뮤니티가 넷우익의 '우익'에 방점이 찍혀 있다면, 일베는 넷우익의 '넷'에 좀 더 방점이 찍힌다. 그만큼 일베는 웹의 질적 특성과 긴밀히 관련되어 있다. "사회적 변화를 수용하지 못하고 저항하는 게 극우"라는 그룸케 교수의 말도 일베에는 적용하기가 난감하다. 웹이라는 환경, 극우 정권, 극우 이데올로기가 지배하는 사회에 그들만큼 적응을 잘한 집단을 찾아보기 어려우니 말이다.

극우주의의 '일반이론'을 도출해내는 것은 불가능한 일은 아닐 것이다. 하지만 각 사회의 특수성을 괄호 치고 보편성만을 추출하려다 아무것도 제대로 설명하지 못하는 결과를 초래할 수도 있다. 일반이론에 대한 욕망은 잠시 유보하기로 하자. 극우주의는 한국만의 문제는 아니다. 세계 각국에서 다양한 형태로 벌어지고 있는 지구적 사건이기도 하다. 일단은 지금 여기에서 벌어지는 극우주의에 최대한 가까이 다가가 하나하나 분석하고 재맥락화하는 작업이 시급해 보인다.

식민지 시기와 내전, 분단을 거치면서 남한 사회는 강력한 극우 반공주의와 성장지상주의를 깊이 내면화하면서, 동시에 보조적이고 대안적인 지배 이데올로기이자 대항 이데올로기로서 자유주의를 착종시켜왔다. 단 두 번의 개혁 정권 시기 10년을 빼고 해방 이후 국가권력을 사실상 독점해온 소위 '보수 세력'은 전통적 의미에서 보수 세력과는 전혀 다르다. 여전히 강력하게 작동하는 매카시즘, 언론 자유에 대한 억압, 노동권과 인권에 대한 극도의 반감과 제도적·물리적 공격, 국가기관의 여론 조작을 통한 민주주의의 파괴, 기존 사회 안전망의 전면적 해체, 부동산·거대 토목 사업·대형 국가 이벤트 등을 통한 인위적 경기 부양 시도 등을 보수주의의 일반적인 행태라 하기는 어렵다. 한국의 소위 '보수 세력'은 서구 보수주의자들과 색깔도, 냄새도, 질감도 다른 존재들이다. 한국이라는 울타리 밖에만 나가면 당연히 '극우파'로 불릴 이 집단은 반독재운동으로 위기를 맞기도 했지만 높은 경제성장률과 명목상의 의회주의로 정당성을 인준받으며 지금까지 가장 강대한 기득권 세력으로 군림하고 있다. 엄청난 수의 지지자들 역시 극우 이데올로기에 흠뻑 젖어 있는 것은 물론이다. 요컨대 한국 사회는 반이주노동자 커뮤니티나 일베 이전부터 오랫동안 '극우의 나라'였고 지금도 그렇다.

그러므로 지금 우리가 경악하는 새로운 극우주의는 느닷없이 나타난 오파츠out-of-place artifacts(그 시대에 나타날 수 없는 유물) 같은 것이 아니다. 이미 존재하던 극우파의 후신이자 변종이라고 봐야 한다. 우리는 극우의 창궐이 개별자의 고유한 일탈이 아니라 겹겹의 맥락을 지닌 사회현상이라는 사실에 편집증적으로 집착할 필요가 있다. 불평등의 심화 같은 사회경제적 배경을 꼼꼼하게 들여다보지 않으면 극우주의는 그저 불가해한 괴물의 출현일 수밖에 없다. 한편으로 사회경제적 배경에 지나치게 집중한 나머지 그들 내부의 논리와 동학을 진지하게 추적하지 않는다면, 극우가 된 개인들을 사회구조에 일방적으로 휘둘리는 꼭두각시로 파악하는 우를 범하기 쉽다. 낡고 새로운 극우주의를 해명하기 위해서 '현미경'과 '망원경'을 적절히 선용해야 하는 이유다.

이 책에 실린 여섯 편의 글은 펄펄 뛰는 동시대의 이슈를 어떤 방부 처리나 발효 과정 없이 실시간으로 요리한 결과물이다. 독일의 전통을 빌려 말하자면, 이를 '시대 진단^{Zeitdiagnose}으로서의 글쓰기'라 말할 수도 있을 테다. 한정된 시간 내에 가능한 한 최대한의 숙고와 성찰을 통해 지금 여기의 삶 속에서 벌어지는 사태를 치열하게 다루어보려고 노력했다. 그에 대한 질타도 격려도 이제는 모두 독자 제현의 몫이다.

2014년 11월
필자들을 대표하여 박권일 씀

차례

1장 · 공백을 들여다보는 어떤 방식

: 넷우익이라는 '보편 증상'

박권일

일베를 보는 프리즘

발생학적 관점

2013년 봄 일간베스트저장소(이하 일베)라는 인터넷 커뮤니티가 한국을 발칵 뒤집었다. 고(故) 김대중 대통령, 고 노무현 대통령뿐 아니라 광주항쟁 희생자들을 직접적이고 반복적으로 모욕하는 각종 합성사진과 게시물이 매체 지면을 통해 소개되었고 일베라는 인터넷 사이트가 있는지도 몰랐던 대다수 사람들은 그 발언의 수위와 발상의 저열함에 전율했다. 일베가 한국 사회에 충격을 준 이유는 기본적으로 군사정권의 학살에 희생된 시민들의 관을 '홍어 택배'라 부르는 것과 같은 엽기적이고 반인륜적인 사고방식 때문이었다. 하지만 그런 말초적인 면보다 훨씬 더 심각한 것은 소위 '486세대'보다 젊은 세대가 전라도 차별 의식을 거리낌 없이 표출하고 있다는 사실이었다. 장년층 이상의 기성세대의 경우 '반공·냉전주의에 오랫동안 길들여졌다'는 식으로 배경 설명이 가능하지만 청년 세대의 '극우화'는 새로운 설명이 필요했다. 언론의 일베 묘사나 배경 분석이 대부분 이념성에 매몰되었지만 다른 측면에 주목한 시선도 있었다.

> 전문가들은 이 같은 현상이 체계적인 정치 대결이라기보다,
> '안티에 대한 안티'를 통한 '놀이'의 성격이 강하다고 말한다.
> 진보 진영에서 박정희 전 대통령을 창씨개명 이름 '다카키 마
> 사오'라 부르며 비난하는 것에, 김대중 전 대통령의 일본식 이
> 름 '도요타 다이쥬'를 찾아내 폭로하는 식이다. '닭그네(박근
> 혜)'에는 '문죄인(문재인)', '쥐명박(이명박)'에는 '뇌물현(노무
> 현)'으로 대응한다. 최근에는 '간철수(국민 간 보는 안철수)'도
> 만들어졌다. 이는 보수적 정치집단이 조직한 것이 아니라 자
> 발적이라는 해석이 많다.[1]

같은 기사에서 문화평론가 최태섭은 민주화 세력에 대한 역반
응이란 성격을 강조한다. "386세대는 '민주화'를 일종의 훈장처럼
사유했고 민주주의가 어느 수준에서 더 이상 확장하지 못하면서
청년 세대는 민주화로부터 소외감을 느낀다. 인터넷상의 진보·민
주주의 조롱은 여기서 오는 역반응이다." 일베의 유희성에 주목하
는 건 현상에 대한 분석으로서 설득력이 있을 뿐 아니라 '발생학

---

1 박은하, 「디시, 촛불, 좌좀·우꼴… 정보교류서 이념논쟁의 장으로 분화」, 『경향신문』,
2012. 9. 7.

적 관점'으로 봐도 타당해 보인다. 일베는 일간베스트저장소라는 이름에도 드러나듯이 다른 커뮤니티의 베스트 게시물을 모은, 이를테면 '2차 커뮤니티'다. 한국 인터넷 놀이 문화의 절대적인 지분을 차지하고 있는 커뮤니티가 디시인사이드라는 사이트이다. 디시인사이드는 수많은 분야의 갤러리로 분화되어 있는데, 각 갤러리는 각자 독립적인 분위기와 문화, 색깔을 가지고 있다. 유저들도 특별한 경우가 아니고서는 서로 잘 섞여 들지 않는다. 그런데 2010년, 이들 갤러리에 올라온 게시물 중 가장 선정적인 것만 '집대성'한 사이트가 탄생하게 된다. 그것이 바로 일베였다.

디시인사이드의 갤러리 중에도 당연히 상대적으로 유저가 많고 영향력이 큰 '파워갤'이 있다. 야갤(야구 갤러리), 막갤(막장사건사고 갤러리), 코갤(코미디 프로그램 갤러리), 정사갤(정치사회 갤러리) 등이 대표적인데 일베에 가장 영향을 끼친 것도 이들 갤러리였다. 매체에 의해 일베의 특성이나 독특한 감성으로 이야기되는 것들은 일베 고유의 것이라기보다 대부분 이들 갤러리로부터 이어져 온 밈^{meme}이다. 예를 들어 '홍어'나 '전라디언' 같은 말은 야갤에서 시작된 것이고, 패륜적 댓글 문화는 막갤의 특성이었다. 'OO녀' 같은 명명이나 여성 혐오 발언이 기승을 부린 곳은 코갤이었다. 정사갤은 처음에는 진보적인 분위기였지만 점차 진보를 조롱하는 분위기가 '대세'가 되었다. 특히 코갤은 스스로 '병신'을 자처하며 타인을 비방하는 걸 정당화하는 자의식이 강한데, 이런 특성은 고스란히 일베로 흘러들어갔다. 이들 갤러리에는 공통적으로 '친목질'(일부 유저끼리만 친하게 지내는 행동)을 금기시한다는 '내부 규율'이 있다. 친목질이 커뮤니티를 망하게 한다는 경험칙이 작동하고 있는 것이다. 일베에도 친목질에 가까운 행동에 히스테릭하게 반발하는 글이 많다.

'국정원 게이트'라는 변수

이러한 '발생학적 관점'은 일베에 관해 상당히 많은 부분을 해명해준다. 유명 갤러리의 자극성과 유희성을 한곳에 갖추고 있으니 사람이 모여드는 것도 당연하다. 특히 일베라는 커뮤니티 특유의 분위기 또는 문화는 의심의 여지없이 디시인사이드의 몇몇 갤러리로부터 계승되었다고 할 수 있다. 일베 담론에 대한 기존의 분석은 이러한 일베 문화의 자생성을 전제한다. 요컨대 일베의 '문화'가 자연스럽게 형성된 인터넷 문화의 하나라면, 일베의 '담론'도 자생적인 의견이라 가정하는 것이 합리적이다. 반인륜적인 내용이지만 어쨌든 그것 역시 사회의 여론 중 일부라고 인정할 수밖에 없는 것이다. 하지만 논의의 틀 자체를 뒤흔드는 변수가 등장한다. 이른바 '국정원 게이트'이다.

이 거대한 스캔들은 대선 직전인 2012년 12월 11일 서울 역삼동 모 오피스텔의 '대치 상황'이 전국으로 생중계되며 본격적으로 불붙기 시작했다. 이날 국정원 직원 김하영 씨가 대선 관련하여 댓글 공작을 하고 있다는 구체적 제보를 받고 경찰 수사팀과 민주통합당이 해당 사무실로 직접 찾아갔다. 김 씨는 사무실 문을 완전히 봉쇄한 채 40시간 넘게 대치했다. 그녀는 혐의를 지속적으로 부정하는 한편, (나중에 밝혀졌지만) 그 와중에도 자신이 활동한 증거를 광범위하게 은폐했다.

이후 국정원 사태는 한국의 모든 이슈를 집어삼키는 거대한 블랙홀이 되었다. "국정원 4개 팀이 외부 인력까지 동원해 인터넷 댓글 공작을 벌였다"라는 증언이 나왔고, '오유(오늘의 유머)', 일베, 트위터 등 대형 커뮤니티와 사회관계망서비스 등에서 수십 개의 아이디를 만들어 댓글 공작을 벌였음이 드러났다. 검찰과 경찰이 수사에 나섰고, 국정원을 압수 수색을 했다. 시민사회 일각에서는 대선 불복운동도 벌어졌다. 국가기관의 불법 선거운동으로 박근혜 대통령이 당선된 것이니 대선 결과도 무효라는 주장이었다. 2013년 10월에는 국정원뿐 아니라 국군사이버사령부도 대선 당시 댓글 공작을 벌였다는 의혹이 제기되었고, 국정원과 공조한 정황도 보도되었다.

야당인 민주당은 국가기관의 대선 개입 등에 항의하며 11월 초순까지 약 100일 동안 천막당사 투쟁을 벌였다. 하지만 천막당사를 접은 지 며칠 되지 않은 11월 21일, 국정원이 선거에 개입한 정황이 추가로 확인되며 다시 장외투쟁에 나섰다. 천주교 정의구현사제단 전주교구 박창신 원로 신부가 대통령 사퇴를 거론한 시국

미사 발언으로 종교의 정치 개입 문제를 놓고 큰 논란이 벌어지기도 했다. 1년 가까이 이어진 '국정원 게이트' 정국이었다. 경찰과 검찰의 수사팀에 대한 석연치 않은 압력과 인신공격성 정보가 범람하면서 거대한 음모를 은폐하기 위한 공작이 본격적으로 시작된 게 아니냐는 비판이 거세졌다. 하지만 극우·보수 세력은 '이석기 내란음모 사건' 등을 활용하며 능수능란하게 대처했고, 속속 드러나는 증거와 정황에도 여당과 대통령에 대한 지지율은 쉽게 꺾이지 않았다.

가설의 붕괴

2014년 여름인 현재까지도 사태의 전모가 완전히 드러나지 않은 상황이다. 그러나 조금씩 사실관계가 밝혀질수록 사건의 규모는 확실히 커지고 있다. 처음에는 백 단위였던 댓글 규모가 이제는 수백만 단위가 되었다. 이 스캔들의 전모가 대체 어느 정도 스케일일지 누구도 확신하지 못하는 상황이다. 국정원과 국군의 여론 조작이 당시 집권 세력, 여당, 또는 박근혜 후보와 직접적인 관련이 있을 수도 있다. 하지만 이 부분은 가장 민감한 지점이기도 하고 매우 입증하기 어려운 부분인 만큼, 앞으로도 명확하게 규명되지 못하고 미해결 상태로 남을 가능성이 높다. 그러나 국정원과 국군사이버사령부 같은 국가기관이 전라도 지역민에 대한 혐오 발언, 김대중·노무현 전 대통령 등 민주화 세력의 상징적 인물에 대한 모욕 등을 확대·재생산해왔다는 것만으로도 경천동지할 사건임은 분명하다. 이것만큼은 의혹이나 가설이 아니라 명백한 사실의 영역에 속한다. 이들의 핵심 활동 무대 중 하나가 바로 일베였다는 점은 무엇을 의미할까?

말할 것도 없이, 일베 담론에 대한 분석에서 국가기관-권력의 여론 개입이 반드시 고려해야만 하는 핵심 요소가 되었다는 의미다. 더 정확히 말하자면, 최근의 우파 여론에서 특정한 유형의 적대들이 과소 대표 내지 은폐되거나, 혹은 특정한 유형의 적대들만 과잉 대표되었을 가능성을 심각하게 고려해야 한다는 것이다. 이를 알기 위해서 필요불가결한 작업이 바로 기존의 자생적 넷우익 담론과 일베 담론 간의 비교·대조이다. 그럼에도 이런 관점은 일베에 관한 기존의 분석들에서 완전히 결여되어 있었다. 자생적 넷우익 담론이란 구체적으로 무엇일까?

한일의 '자생적' 넷우익

2012년 출간된 『우파의 불만』에 실린 글 「뉴라이트에서 네오라이트로? 한국의 반이주노동 담론 분석」에서 나는 이주노동자에 대한 혐오와 반감을 노골적으로 토로하는 어느 인터넷 커뮤니티 담론(다음 카페 '다문화정책반대')을 살펴본 바 있다. 정부의 다문화정책과 홍보가 상당 기간 지속되면서 국민 사이에 이런 기조에 대한 불만이 차츰 쌓여왔고, 의견을 같이하는 사람이 모여

제법 굵직한 커뮤니티들이 생겨났다. 내가 분석한 '다문화정책반대' 커뮤니티는 당시 가장 큰 규모의 반이주노동자 온라인 모임이었다. 이들은 '애국시민'이라 자임했다. 커뮤니티에 올라오는 콘텐츠는 이주노동자에 대한 혐오를 거리낌 없이 표출하는 글이 대부분이다. 유형을 분류해보면 중심 담론으로 경제 담론, 민족 담론, 치안 담론을 꼽을 수 있다. 주변 담론은 종교, 반자본주의, 반엘리트주의, 보건 담론으로 나눌 수 있다. 예를 들어 경제 담론은 '외국인 노동자 때문에 국내 노동자가 일자리를 잃고 임금 상승이 억제'되는 등 지속적으로 경제적 고통을 겪는다는 식이고, 치안 담론은 외국인 노동자가 '틈만 나면 한국 여자들을 강간'하고 '사회 평균보다 훨씬 높은 건수의 강력 범죄를 저지르고 다닌다'는 식이다.

이들의 담론은 외국인 노동자에 대한 근거 없는 편견을 강화하고 확대·재생산한다는 점에서, 다시 말해 인종주의적이라는 면에서 일베와 유사하다. 하지만 일베가 소위 '민주화 세력'만을 혐오와 조롱의 대상으로 삼는 반면, 반이주노동 담론은 '민주화 세력'뿐 아니라 새누리당 등 '산업화 세력'도 '모두 한통속'이라고 강하게 비난한다. 진보·보수 또는 좌·우파를 막론하고 다문화정책으로 내국인의 생존권을 위협하고 국가의 미래를 나락으로 떨어뜨리고 있는 건 마찬가지라는 것이다. 반이주노동 담론은 전통적인, 그리고 기득권을 여전히 쥐고 있는 한국 우파의 사고방식과 상당히 이질적이다. 이들은 일베와 달리 '종북몰이' 같은 냉전주의적 사고방식에서 비교적 자유로운 반면 경제적 이해관계에는 매우 민감한 모습을 보인다.

자생적 넷우익의 또 하나 참고 사례로 일본의 재특회('재일특권을 용납하지 않는 시민모임')가 있다. 회장 사쿠라이 마코토(본명 다카다 마코토)는 원래 '2ch'라는 일본 최대의 인터넷 게시판에서 활동해온 유명 논객이었다. 그는 역사 교과서에 적힌 종군 위안부의 비참한 처지가 모두 엉터리이고, 일본군의 난징 대학살이 허구라고 주장하며 극우 성향의 네티즌에게 인기를 끌었다. 그리고 재일 코리안(한국계와 총련계를 통칭)이 특권을 누리고 있다면서 "반도로 돌아가라"라고 윽박지른다. 또 오늘날 일본 청년들이 직장을 구하지 못하고 국가가 저소득층에게 제대로 지원금을 주지 못하는 일이 발생하는 이유가 바로 재일 코리안과 외국인 노동자들이 복지에 무임승차하고 있기 때문이라고 강변한다. 그의 선동이 인터넷과 극우 성향 케이블방송 '채널 사쿠라'를 통해 알려지자 지지자가 급속히 불어나기 시작했다. 재특회는 단지 인터넷에 글을 쓰는 활동에 만족하지 않았다. 머리띠를 두르고 확성기를 들고 거리로 나갔다. "바퀴벌레 조선인, 반도로 돌아가라!" "짱깨들을 도쿄 만에 처넣어라!" "극좌 세력을 바다에 빠뜨려라!" "한국인이 보이면 돌을 던져라!" 등 험악한 말투와 적나라한 욕설을 사용하는 이들은 그들의 주장에 반박하는 시민에게 주먹을 휘두

르며 물리적 위협을 가하기도 한다. 활동가 조직을 탄탄히 갖춘, 이 공격적이고 폭력적인 신우익 집단의 등장에 일본 사회는 경악했다. 어디서 이런 '괴물'들이 한꺼번에 등장한 걸까. 재특회를 추적한 르포르타주 『거리로 나온 넷우익』의 저자 야스다 고이치는 이렇게 적고 있다.

> '재특회란 무엇인가?'라고 내게 묻는 사람이 많다. 그때마다 나는 이렇게 대답한다. "당신의 이웃들입니다." 사람 좋은 아저씨나 착해 보이는 아줌마, 예의 바른 젊은이의 마음속에 숨어 있는 작은 증오가 재특회를 만들고 키운다. 거리에서 소리치는 녀석들은 그 위에 고인 물에 지나지 않는다. 그들의 저변에는 복잡하게 뒤엉킨 증오의 지하수맥이 펼쳐져 있다.[2]

야스다는 재특회의 증오가 '아래에서부터' 샘솟고 있는 것이라고 말하고 있다. 평범한 시민 사이에 저런 혐오 정서가 널리 퍼지고 있다는 것은 그 자체로 섬뜩한 사실이다. 물론 '100퍼센트 순수한 여론'이나 '100퍼센트 조작된 여론' 따위는 존재하지 않는다. '정도'의 문제인데, 그럼에도 시민사회 내의 이익 단체의 직간접적 여론 개입 전략과 국가가 조직적이고 은밀하게 벌인 대국민

---

2 야스다 고이치, 『거리로 나온 넷우익』, 김현욱 옮김, 후마니타스, 2013, 365쪽.

여론 조작은 질적으로 구별되며, 구별되어야 한다. 국정원 사태가 여기까지 밝혀진 이상 '우익 담론의 자연 발생 공간으로서의 일베'라는 가정은 기각되어야 한다. '자생적 담론'이라는 중요한 전제가 붕괴한 것이다. 최소한 일베의 담론 형성 과정은 재특회나 여타 반이주노동자 커뮤니티의 그것과는 결이 다르다고 보는 것이 합리적이다. 뒤에 상세히 논하겠지만, 이 점은 일베를 추동하는 '이념적 동기' 내지 '사상적 확신'이 생각보다 크지 않음을 보여주는 증거로 해석할 수도 있다. 국정원의 여론 개입이 드러난 건 대부분 반호남 지역주의 담론이었다. 반면 일베에서 유통되는 담론 중 큰 비중을 차지하는 여성 혐오의 경우 국정원과 관련이 별로 없었다. 여성 혐오 담론을 그나마 일베의 자생적 담론으로 추정할 수 있는 이유다.

일베의 담론: 여성 혐오

김치녀의 기원

야스다는 2013년 6월 2일 서울에서 열린 출간기념 공개 대담에서 한국의 프리랜서 저널리스트인 박권일과 양국의 넷우익 현상에 대해 의견을 나눈 적이 있다. "일본 넷우익에도 여성 혐오 현상이 나타나는가?"라는 질문에 그는 이렇게 답했다. "재일

조선인과 결혼한 일본 여성에 대한 혐오 발언이 없는 것은 아니다. 그러나 한국처럼 강하게 나타나지는 않는 것 같다."

한국 사회에는 '속물적이고 남성 의존적인 여성'에 대한 남성들의 집단적 언어폭력이 하나의 사회현상이 되어 오랫동안 지속되고 있다. 인터넷을 하다 보면 '된장녀' '보슬아치' '김치녀' 같은 노골적인 비속어를 누구나 한 번쯤은 듣거나 보게 된다. 셋 모두 거의 같은 대상을 비하하는 인터넷 신조어다. 「위키백과」 등의 인터넷 사이트에 비교적 상세한 정의와 설명이 실려 있다. '김치녀'라는 말이 갖고 있는 여러 겹의 뉘앙스와 의미는 이미 '된장녀'가 선취했던 것들이다. 그러므로 사전적 의미 설명은 된장녀만으로 충분할 것이다. 다음은 '된장녀' 단어의 유래에 대한 「위키백과」의 정의와 설명이다.

된장녀는 2000년경에 신설된 한국의 유행어로 비싼 명품을 즐기는 여성 중, 스스로의 능력으로 소비 활동을 하지 않고 다른 사람(애인, 남자, 가족, 타인 등)에게 의존하는 여성을 풍자한 유행어다. 2000년에 익명의 네티즌들에 의해 만들어졌다. 일설에 의하면 이 본래의 개념에 머무르지 않고 그 의미가 계속 확대·재생산되어, 현재는 주로 남성들이 생각하는 모든 부정적인 여성상을 광범위하게 지칭하는 대명사가 되었다는 견해도 있으나 보통 자신의 경제력은 없으면서 부모나 남자친구 등의 지갑에 의존하는 여성을 풍자하는 단어로 쓰인다. 된장녀란 단어의 어원에 관한 유래에는 여러 설이 있는데, 젠장 → 된장의 변화를 통해 된장녀로 불리게 되었다는 설, 그리고 똥과 된장을 구별 못 한다는 의미에서 된장녀라 불리게 되었다는 설, 그들이 즐겨 들고 다니는 스타벅스 커피를 희화화시킨 것이라는 설 등이 있으나 어느 것이 맞는지는 확실하지 않다. 2000년 초 익명의 네티즌이 한국 여성들의 허영심을 비난하며 된장녀라는 단어를 썼으며 2004년 12월부터 2005년 4월경 일부 네티즌들이 된장녀에 대한 풍자, 패러디를 여러 건 올리면서 화제가 되었다.[3]

2009년 전후 크게 유행한 단어로 '보슬아치'도 있다. 여성 생식기의 속칭인 '보지'와 관직을 지내는 자를 뜻하는 '벼슬아치'를 합친 단어다. 말 그대로 '여자인 게 대단한 벼슬인 줄 아는 여자'를 의미한다. 온라인에서는 제법 활발히 쓰였으나 '된장녀'와 달리 실생활에서 발화되는 경우는 거의 없었다. 어지간한 남성 쇼비니스트라도 사회 감각이 마비되지 않은 이상 타인을 면전에 두고 이 말을 사용하기는 부담스러울 수밖에 없다. 김치녀가 활발히 쓰이면서 점점 사장되고 있는 단어다.

3 「위키백과」 '된장녀' 항목, http://ko.wikipedia.org/wiki/된장녀.

김치녀는 2014년 1월 현재 보슬아치는 물론이고 된장녀보다 훨씬 많이 쓰이는 단어가 되었다. 김치녀의 유래를 두고 격렬한 설전이 벌어지기도 했다. 많은 여성이 김치녀를 '일베 용어'로 지목했기 때문이다. 일베 유저들이 이런 지적에 대한 반박으로 내놓은 게 바로 '김치녀 네이트 판 기원설'이다. 2011년 인터넷 포털 사이트 '네이트 판'의 어느 유저가 키 크고 잘생긴 외국인 남성의 사진들 밑에 "길거리에 흔한 유럽 남자"라고 적고 "내 옆에는 왜 김치맨인가"라고 푸념하는 글을 게시했는데, 이를 보고 격분한 어떤 남성이 "길거리에 널린 흔한 해외 여자, 나는 왜 김치녀인가"로 패러디한 데서 비롯되었다는 것이다. 그들은 이게 '정설'이라 주장한다. 사실일까? 물론 사실이 아니다.

포털 사이트 '다음'의 '고민 Q&A'란에 몇 해 전 올라온 어떤 글을 한번 보자. "자기 주제를 알고 나댔으면 좋겠어요"라는 글에서 작성자 'Rescue'는 친구의 애인이 초면에 자신의 연봉, 차종, 자택 평수를 물었던 일에 대한 불쾌감을 토로하고 있다. 이에 대해 작성자 '친정오라버니'가 남긴 답이 질문자 채택 답변으로 선정되었다. "그래서 된장녀, 김치녀 소리가 나오고, 말이 생긴 것입니다. (……) 돈에 환장한 여자가 너무 많습니다. 남자들이 그런 여자를 과감하게 버려야 합니다." 질문은 2009년 7월 9일 오전 6시 56분에 올라왔고 답변은 두 시간가량 뒤인 같은 날 오전 8시 54분에 올라왔다. 내용과 상관없이 이 사례는 이미 2009년에 김치녀라는 말이 지금 유통되는 '바로 그 의미'로 쓰이고 있었다는 걸 보여준다. 찾아보면 근거는 끝없이 나올 것이다. '김치녀'가 2011년 '김치맨'이라는 말을 쓴 여성에 대한 대응에서 시작되었다는 '네이트 판 기원설'은 간단히 기각된다. 김치녀라는 말은 네이트 판에서 만들어진 게 아니며 아마도 일베에서 처음 등장한 말도 아닐 것이다. 그러나 분명한 건 김치녀라는 말을 가장 빈번하게 쓰는 주체가 일베 유저라는 것, 그리고 한국의 어떤 대형 커뮤니티보다 여성 혐오 현상이 격렬하게 분출되는 공간이 일베라는 사실이다.

'성난 젊은 예비역들'

　　여성 혐오 현상은 2000년대 들어 온라인에서 폭발적으로 증가했다. 지금 김치녀 담론에서 갈등하고 적대하는 주체들은 단순히 '남성 대 여성'이 아니다. 일부 젊은 여성과 일부 젊은 예비역 남성이다. 이 '전선'이 처음 사람들의 눈앞에 가시화된 사건이 2001년 '월장 사태'였다. 여자 후배에게 음담패설을 하고 술을 따르게 하는 등 대학 내 군사 문화를 비판하는 칼럼이 부산대학교 여성주의 웹진인 「월장」에 실렸는데, 이 글이 알려지면서 예비역 남성들의 온라인 테러가 시작되었다. 인터넷 게시판에서의 욕설과 성희롱은 기본이었고 전화로 폰섹스를 요구하거나 편집부원의 신상 정보를 성인 사이트에 올리기도 했다. 온라인의 예비역 남성이 집단 정체성을 과시하게 된 계기도 사실상 그때부터였다.

월장 사태 당시에는 대립하던 측이 여성주의자와 남성 진보주의자였지만, 2000년대 중반이 넘어가면서 적대의 대상은 여성부, 된장녀/김치녀로 이동·확대되었다.

예비역 남성the reservists은 국민개병제도의 산물이자 오랫동안 한국 사회에 존재하던 코호트적 집단이다(코호트cohort는 공통점을 지닌 인구학적 집단을 말한다). 하지만 '성난 젊은 예비역The Angry Young Reservists'은 2000년대 이후 한국 사회에 대두된 온라인 집단 정체성이자 사회 문화적 주체이다. 전체 예비역 남성 중 일부를 이루는 이들에게 가장 도드라진 특징이 집단 피해 의식이다. '국방의 신성한 의무'로 포장되곤 하지만 젊은 시기 2년 가까이를(과거에는 3년이었다!) 군대에서 보내야 한다는 건 그 자체로 고역이고 희생이다. 그런데 상층 계급의 군역 면제율은 지나치게 높고, '그나마 위안이던' 군 가산점 제도마저 논란에 휩싸이다 1999년 위헌재판으로 폐지되었다. 평등에 대한 소박한 감각이 개인의 고통스러운 기억과 결합하면 금방 피해 의식으로 치환된다. 그리고 피해 의식은 필연적으로 희생양을—그게 타인이든 자신이든—찾게 되어 있다. 자신의 '희생'을 당연시하는 목소리에 적대적인 건 자연스러운 감정이다.

이들이 '젊다'는 사실은 예비역이라는 사실만큼이나 중요하다. '젊다'는 것은 아직 사회에 진출하지 못했거나 했더라도 안정적으로 자리 잡지 못했다는 뜻이고, 경제적 자본을 포함해 상징 자본을 축적하기에는 이른 시기란 의미이기도 하다. 한마디로 이들은 다른 세대와 비교해도 불안한 주체들이며, 이들 자신의 생애 주기 전체를 놓고 봐도 가장 불안한 상태이기 쉽다. 성난 젊은 예비역의 또 다른 특성이 여기서 출현한다. 바로 공격성이다. 피해 의식이 평등에 대한 감각과 고통스러운 기억의 산물이라면, 공격성은 피해 의식과 불안의 화학적 혼합물이다. 불안은 어떠한 때에 커지는가. 자신의 기대 지평과 현재 상태의 괴리가 커질 때, 선택의 기회가 줄어들고 있을 때, 사회의 경쟁 압력이 높아질 때이다. 그리고 지난 10여 년간 시장의 논리로 사회안전망과 공공 영역을 맹렬하게 해체해온 한국 사회는 이들 젊은 예비역 남성들의 피해 의식과 공격성이 배양될 수 있는 조건을 과거에 비해 더 많이 제공한다. 이들은 시장의 논리를 내면화한 반면 노동조합과 같은 사회적 보호 장치가 왜 있어야 하는지를 실감해본 적이 없다. 그 결과 노동자 투쟁과 민주주의의 산물이 기득권으로 인식되는 사태가 벌어지고, 타인을 단지 자신의 기회를 앗아 갈 수 있는 경쟁자로 여기게 된다.

성난 젊은 예비역 남성이 혐오하는 건 차별, 또는 불평등이 아니다. 이들이 혐오하는 건 정확히 말해, 차별당해 마땅한 인간이 차별당하지 않고 우대되어야 할 인간이 우대되지 못하는 것이다. 김치녀는 젊은 예비역 남성이 상상 가능한 가장 혐오스러운 여성상이었다. 그 반대편에는 '개념녀'가 자리 잡았다. 실제로 된장녀 담론이 확산되면서 여성 스스로 자신이 된장녀가 아니라 '개념이 장착된 훈녀'임을 애써 주장하는, 이른바 '개념녀 인증샷'이 유행하기 시작했다. 된장녀/김치녀 담론의 낙인효과가 강하게 발생했다는 증거다. 된장녀/김치녀 혐오를 부추기는 남성들은 이런 여성들의 반응을 근거 삼아 혐오의 정서를 확대·재생산했다. 서두에 언급한 반유대주의에 관한 이야기는 고스란히 김치녀 문제에도 적용된다. '유대인은 이러이러한 존재다'라는 주장에 대한 유일하게 올바른 반박은 '안 그런 유대인도 있다'가 아니라 '그런 특성은 유대인과 무관하다'는 것이다.

여성 혐오가 '일베에서 강하게 드러난다'는 것과 '일베에서만 드러난다'는 것은 전혀 다른 진술이다. 전자는 사실이지만 후자는 사실이 아니다. 김치녀 운운하는 여성 혐오 정서는 다른 남초 사이트에서 쉽게 찾아볼 수 있지만 이런 관찰을 토대로 여성 혐오가 극우적 현상이 아니라고 결론 내리기는 어렵다. 그보다는 오히려 사회 전체에 혐오 정서가 영향을 확대하고 있다고 여기는 게 자연스럽다. 과거부터 현재까지 한국은 '아줌마'나 '올드미스'에 대한 혐오와 경멸이 광범위하게 작동하는 사회였는데 가부장주의와 남근주의가 주된 이유였다. 김치녀 혐오 현상 역시 남근주의와 관련이 있지만, 간과하기 어려운 차이가 있다. 혐오의 주체 스스로 자신을 피해자화한다는 점이다. 이는 극우 인종주의 담론에서 일반적으로 드러나는 서사적 특징이다. 즉, 우월하고 도덕적인 사람이 열등하고 비도덕적인 사람에게 부당한 피해를 입는다는 인식에 기반을 둔 혐오인 것이다.

일베의 담론: 지역주의

"조갑제도 종북 세력"

일베가 사회적 문제로 부상한 이후, '일베 용어'를 사용한다는 이유로 일종의 사회적 낙인 찍기가 벌어지는 경우가 많았다. 그 사람이 실제 일베 유저일 수도 있지만 단지 인터넷에 떠돌아다니는 유행어를 별생각 없이 썼을 가능성도 크다. 그리고 그 용어가 실은 일베 용어가 아닐 수도 있다. 일베에서 자주 사용하는 용어 중에는 일베에서 발생한 용어도 있지만 이미 널리 사용되는 단어를 재전유한 형태도 적지 않다. '국뽕'이란 단어의 경우, 지나친 민족주의나 자기도취적인 애국심을 조롱하는 용어로 일베 이전에 이미 유통되던 말이었다. 그런데 잘 모르는 사람들 사이에서 일베 용어로 오해받는 일이 종종 벌어졌다.

일베 용어에 사회가 과민 반응을 보이자 오히려 이를 역이용해 '멀쩡한' 인터넷 언어들을 '일베화'하기도 했다. 예를 들어 'ASKY'라는 인터넷 유행어가 있다. (그래도 애인은) '안 생겨요'의 앞 음절을 영어 철자로 바꾼 말인데 '오늘의 유머' 게시판에서 처음 유행하기 시작했다. 아무리 발버둥 쳐도 애인은 안 생길 거라는 자포자기와 상호 자학의 개그 코드이다. 그런데 한 일베 유저는 "10년 넘은 올드 커뮤니티 '오늘의 유머'의 유일한 유행어 ASKY를 뺏어보자"면서 "A(아) S(슨상님) K(계실 적엔) Y(이런 일 없었는데)"라는 글을 올린다. '일베식 ASKY'는 그렇게 등장했다. 물론 여기서 '슨상님'은 김대중 전 대통령이다.

넷우익 담론 분석에서 주의해야 하는 점은 이들이 사용하는 특유의 용어들을 지나치게 특수화하는 것이다. 언어란 본디 커뮤니케이션의 도구이고 개념상 서로 뒤섞이고 변화할 수밖에 없다. 더구나 인터넷에서 언어의 불확정성은 더욱 강해지는 경향이 있다. 어떤 주체들을 특정한 언어의 사용자로 동결시키는 것, 또는 어떤 단어들을 특정한 주체의 도구로 규정하는 것은 담론 분석의 최종 목표가 될 수 없고 그래서도 안 된다. 관건은 적대의 배치와 효과를 포착하고 그것이 억압하거나 은폐하는 현실을 폭로하는 것이다.

일베의 담론 중 이른바 '지역 드립'은 가장 저열하고 선정적인 방식으로 유통되어왔다. 이를테면 광주항쟁 희생자의 관 앞에서 오열하는 노인의 사진 밑에 '홍어 택배' 운운하는 부류의 게시물이다. 광주 시민들이 계엄군에 의해 무릎 꿇린 채 결박당한 사진에는 '어느 물건이 더 싱싱하려나'라는 제목이 붙었다. 5·18 광주항쟁에 북한군이 개입했다는 주장도 튀어나왔다. 이런 게시물들이 알려지자 엄청난 사회적 파장이 일어났다. 이미 역사적으로 검증되었을 뿐 아니라 이념을 떠나 국가적 추모의 시공간으로 자리매김한 사건에 대한 심각한 훼손 행위였기 때문이다.

보다 못한 조갑제 전 『월간조선』 사장이 나서서 일베의 북한군 광주 개입설은 근거 없는 낭설이라고 일축했다. 조갑제가 누구인가. 한국에서 가장 유명한 호전적 반공주의자이자, 세계에 내놓아도 오른쪽에 둘 사람이 별로 없을 극우파다. 하지만 일베는 놀랍게도 오히려 조갑제를 '종북 세력'이라 비난하기 시작했다. "조갑제는 그냥 박정희 팔아서 보수 흉내나 내는 깡통 새끼다. 박정희나 5·16은 그냥 보수 이미지 생색내는 장치이고 여기에 대해 말하는 거 보면 우리 일게이들 수준만도 못함(아이디 웨**)" "조갑제 기자가 광주에 있었던 기간은 5월 23일부터 27일까지다. 이전의 상황은 경험하지 못했다. 자신이 경험하지 못한 광주 상황을 싸잡아 단박에 정의한다는 것도 큰 무리(아이디 頑*****)."

지역 갈등이라는 맥거핀

일베의 '지역 드립'이 흥미로운 건 한국 사회에 널리 유포된 지역주의에 대한 잘못된 인식을 고스란히 답습하면서도 똑같이 광범위하게 합의된 규범적 가치, 즉 '지역주의는 망국병'이라는 판단은 거부한다는 점이다. 일베의 특이성을 말하기 전에 먼저 '일베까지도' 공유하고 있는 지역주의에 대한 잘못된 인식부터 살펴보자. 그 인식은 대략 다음과 같은 명제로 정식화할 수 있다. '오랫동안 내면화된 지역주의 때문에 지역정당 체제가 만들어졌다. 지역주의의 본질은 지역 갈등이다.' 지역주의는 사회의 구조적 모순으로서뿐만 아니라 '단결하지 못하는 한민족'의 비극적 서사로 호출된다. 이는 일베, 보수 우파 세력, 중도 세력, 심지어 진보 일각까지도 공유하는 인식이라는 점에서 문제적이다. 저 명제에는 함정이 있고, 함정은 세 가지다. 첫째, 오랫동안 내면화된 지역주의라는 인식. 둘째, 지역주의 때문에 지역정당 체제가 출현했다는 인식. 셋째, 지역주의의 본질이 지역 갈등이라는 인식.

먼저, 내면화된 지역주의라는 측면을 들여다보자. 오래전부터 지역감정, 특히 호남인에 대한 차별과 영호남 갈등이 사회에 광범위하게 존재했다는 주장이다. 심지어 그 기원은 조선 시대와 삼국 시대까지 거슬러 올라간다. 그러나 백제의 당시 중심지는 오늘날 경기도 지역이지 호남이 아니었다. 조선 시대에 특별히 호남 지역만 차별받았다는 근거는 발견된 적이 없다. 제도적 차별은 오히려 서북 지역이 훨씬 심했고, 조선 시대에 민란의 발생 빈도를 보면 호남보다 영남이 압도적으로 높다. '경상도 문둥이' '서울깍쟁이' '함경도 이전투우泥田鬪牛' '황해도 석전경우石田耕牛' '호남 개땅쇠' 등 지역에 대한 편견은 상호 간 왕래가 어려웠던 전통 사회가 아니라 급격한 도시화로 말미암아 타 지역민이 서로 섞여 들면서 비로소 본격적으로 드러나기 시작했다. 1970년대 이후 도시의 하층 이주민 사이에서, 다시 말해 하층민 중 최다수였던 호남 이주민과 그 다음이었던 충청 이주민, 그리고 서울 하층민 사이의 경쟁이 격화되며 전라도 사람에 대한 편견이 생겨났을 가능성이 있다. 실제로 당시 조사에 따르면 호남에 대해 적대적인 지역민은 영남 출신이 아니라 충청도 사람과 서울 사람이었다. 그러나 1987년 선거 이전까지 선거 분석을 들여다보면 이 편견조차 그 자체로, 혹은 자연 발생적으로 정치적인 힘을 발휘한 적은 없다. 호남에 대한 편견이 마치 오래전부터 존재하던 정서인 양 포장하고, 정치적으로 동원하기 시작한 주체는 따로 있었다. 박정희 정권이었다.

> 둘째, 이런 반호남 지역주의는 급격한 근대화의 추진에도 불구하고 잔존한 전근대적인 유산이 아니라, 지역적 정체성의 차이가 중첩되었던 급격한 도시화와 계급분화, 그리고 영남의 지지를 바탕으로 정권을 재생산하고자 했던 권위주의 정권과 그 지지자들에 의해 작위적으로 만들어진 것이다. 셋째, 이 과정에서 근대 이전의 중앙과 지방의 균열을 반영하는 호남에 대한 편견은 '발견'되었고, '동원'되었으며 오랜 역사적 기원을 갖는 것으로 '창조'되었다.[4]

---

4 박상훈, 『만들어진 현실』, 후마니타스, 2009, 57쪽.

다음으로, '지역주의 때문에 지역정당 체제가 출현했다'는 인식은 사태의 원인을 호도한다. 1971년 선거는 박정희 정권에 의한 지역주의 선동이 전면화한 사실상 첫 번째 선거였다. 박정희의 강력한 경쟁자인 김대중 후보가 호남 출신이라는 점이 결정적이었다. 그러나 반독재, 민주화 열망이 치솟는 상황에서 치러진 선거였기 때문에 어마어마한 돈을 뿌린 정권의 선동에도 김대중 후보는 호남뿐 아니라 영남에서도 골고루 높은 지지를 얻었다. 박정희는 부정선거와 득표 조작으로 겨우 당선될 수 있었다. 조목조목 살펴보면 겉보기와 달리 지역주의보다는 독재 대 반독재가 중심 이슈였던 선거였다. 한편 지역주의가 영호남의 분절이라는 형태로 또렷이 사회문제화하기 시작한 1987년 선거 이후에 지역당 체제가 굳어진 까닭은 무엇일까. 그 이유는 야당의 분열, 계급과 이념 대표성이 희박한 정치 환경 등이지 지역주의 때문이 아니었다. 다른 나라를 봐도 계급 이익에 기반을 두지 않는 정당 체제일수록 선거 시 표의 지역 간 편차가 크게 나온다.

마지막으로, 지역주의의 본질이 지역 갈등이라는 인식은 지역주의의 실제 내용이 반호남주의라는 사실을 은폐한다. 『조선일보』 김대중 주필이 1987년 대선 직전에 쓴 「지역감정」이라는 칼럼을 보면 망국적 지역감정을 개탄하며 군부독재에 저항하는 (양김을 포함한) 민주화 세력을 싸잡아 "지역감정을 자기들 정치적 목적에 이용하려는" 세력이라 매도하고 있다. '이놈도 저놈도 다 망국적 지역감정의 노예'라는 비평의 의도는 명약관화하다. 노태우의 당선이었다. 지역주의를 지역 갈등과 동일시하는 관점에서는 부당하게 차별받은 호남 사람들의 항변조차 전부 지역이기주의로 매도되고 만다. 그렇게 지역주의는 지역감정이란 말로 자연화되고 지역 갈등이란 말로 상대화되면서, 기득권의 이익에 봉사하는 이데올로기가 되었다.

동원된 쾌락

지역주의는 한국 사회의 오랜 인습이 아니었다. 그리고 지역주의는 늘 반공주의, 반진보주의와 결합한 이데올로기였다. 산업화 시기 잠시 생겨났던 편견을 권력을 지닌 기득권 집단들이 적극적으로 동원하고 활용하면서 모든 악의 근원이 지역주의에 있다는 식의 신화가 생겼다. 일베의 지역주의는 이 권력의 전략을 그대로 답습한다. 여기까지는 어떤 새로움도 없다. 그런데 어느 순간 일베의 지역주의 담론은 이데올로기 전략의 차원을 초과해버린다. 이런 '초과' 또는 '과잉'은 지역주의 담론에서 다른 담론들, 예컨대 여성 혐오나 반이주노동자 담론을 훨씬 능가하는 모습을 보인다. '홍어 택배'나 '조갑제 종북론'은 그 초과의 결과다.

일베가 극우·반공 이데올로기로 무장한 이념 집단이라면 지역주의를 그런 식으로 자극하지는 않았을 것이다. 『조선일보』처럼 호남 혐오를 지역 갈등으로 대체해버리는 것, 그것이 바로 이데올로기적 실천의 '정석'이다. 이데올로기가 지속 가능하려면 최소한의 정당화 기제가 필요하고, 지역주의에서 그 정당화를 지탱하는 규범은 '망국적 지역감정 반대한다'이다. 정치 기득권 집단은 입으로는 '망국적 지역감정'을 말하지만 지역정당이라는 구조를 바꿀 생각이 전혀 없다. 이들에게 가장 유리한 전략은 지역 갈등을 '영원한 한국 사회의 상수'로 만드는 것이지 호남을 (또는 영남을) 대놓고 비난하는 것이 아니다. 아무리 새누리당이 압도적으로 우세한 정치 지형이라 하더라도 호남 혐오를 직접적으로 표출하거나, 김대중 전 대통령과 노무현 전 대통령을 인신공격하는 건 정치적 자해 행위나 다름없다. 그렇기에 새누리당은 속마음이야 어떻든 일베의 '지역 드립'에 동조는커녕 맹비난하지 않을 수 없었던 것이다.

그런데 일베는 지역 갈등 담론을 가장 원초적 형태의 인종 혐오로 퇴행시켜버린다. '홍어 택배'는 이념적 목적의식이 없기 때문에 가능한 표현이며, 이는 곧 사회적 영향력을 스스로 축소하고 자신의 활동 공간을 게토로 만드는 행동이다. 이데올로기 전략이라기보다 차라리 이데올로기적 도착이라 불러야 할 정도다. 상당수 일베 유저의 행태를 보면 사회적 지지 기반을 확대하려는 욕망이나 사회적 명성을 추구하는 태도는 상대적으로 희박한 반면, 주목을 받으려는 욕망은 매우 강렬하다. 얼마나 주목받는가는 커뮤니티 외부의 사회적 금기를 얼마나 전복적으로 위반하느냐에 달려 있다. 하지만 무엇을 위반할 것인가? 정치가 가장 '핫'했던 시대, 문화가 가장 '쿨'했던 시대는 1980년대와 1990년대를 거치며 끝나버렸다. 결국 할 수 있는 일은 '막장성'을 극단까지 밀어붙이는 것이다. 디시인사이드 막장 갤러리가 그토록 '흥'하고, 일베에까지 그 흐름이 연결된 것에는 전위가 아니라면 차라리 패륜으로 주목받고 싶다는 욕망이 도사리고 있었던 것은 아닐까.

이들에게 성역이 된 광주 담론에 오물을 뿌리는 것은 강력한 효능감을 가져다주는 위반일 수 있다. 개가 사람을 물면 뉴스가 안되지만 사람이 개를 물면 뉴스가 되는 것처럼, 비도덕적이라 간주된 개인이나 집단을 비난하는 것은 주목받지 못하지만 도덕적인 개인이나 집단의 작은 흠축은 큰 관심을 끈다. 일베는 광우병 촛불시위나 천안함 사태 당시의 진보의 위선과 비이성 때문에 자신들이 탄생했다고 말한다. 그러나 자신들을 정당화하기 위해 사후 구성한 사이비 서사pseudo narrative일 뿐이다. 어떤 검증 과정도 없이 조갑제 씨를 종북으로 모는 태도에서 단적으로 드러나듯이 이들은 팩트에 근거한 비판이나 이념 대립의 지형에는 사실 관심이 없다. 이들의 목적은 이념도 사상도 아니며 인정이나 명성도 아니다. 주목attention이 가져다주는 쾌락을 향한 맹목적 추구. 일베의 동기를 일관성 있게 설명할 수 있는 필터의 하나는 바로 정보사회의 인간 행동을 설명하기 위한 개념으로 등장한 주목경제attention economy다. 그래서 국정원은 이 목적 없는 쾌락주의자들을 마음껏 자신의 목적에 동원할 수 있었다.

일베의 모티베이션

일베는 '루저'인가?

일베의 일탈에 대한 여러 설명이 있었다. 범죄심리학자 표창원은 일베를 범죄 집단이나 일탈 집단으로 규정한 뒤 일종의 '프로파일링'을 시도한다. 그는 원한 감정이나 콤플렉스 등의 심리적 동기에 방점을 찍는다. 그에 따르면 일베 유저에게는 다음과 같은 특징이 있다.

2. 강하고 능력 있는 '남자'이고 싶지만 경쟁에서 탈락, 인정 못 받는 현실에 좌절, 이를 약자 공격으로 분풀이.

3. 스스로가 꿈꾸는 '강자'와 동일시. 하지만 공격욕과 폭력 욕구를 충족시켜주는 '악한 강자'만 추종. 전두환이 대표적 예.

8. 겉으로는 진보나 민주화 세력에 대한 비판과 반대를 표방하나 속으론 그들이 받는 지지와 선망에 극단적 질투심.

9. 대부분 성장 과정에서 애정 결핍 내지 학대, 폭력 피해. 학교 폭력의 가해자 혹은 피해자 다수 포함.

25. 일베 중 40~50대 연장자 및 의사, 공무원 등 고학력자들.

스스로는 책잡힐 범죄적 행동 잘 하지 않으면서 지역감정, 성차별, 인종차별, 색깔론, 역사 왜곡 부추기는 허위 사실과 논리 제공. 이들 역시 그들 무리에서 루저.

26. 자기 집단이 싫어할 요소 갖춘 사람 찾아내 신상 털거나 약점 잡아내 집요하고 지나친 집단 공격 가하는 '가학성(사디즘)'과 스스로를 '벌레'로 비하하며 사회적 비난 초래하고 존칭 거부, 욕설 일상화 등 '자기 학대(마조히즘)' 함께 보임.

39. 일베의 사회경제적 구성(계급주의적 용어 차용): 다수의 '룸펜 프롤레타리아'＋소수의 '룸펜 부르주아'＋일탈적 테크노크라트technocrat. 이 중 다수 노동자층은 신분 이익에 반하는 극우 보수 지지. 히틀러 유겐트, 일제 앞잡이, 유럽 극우와 유사.[5]

사회비평가 진중권도 트위터에서 표창원의 글에 대해 "대체로 제 분석과 일치합니다"라고 공감했다. 진중권 역시 그 나름의 '일베 비판'을 트위터에 올린 적이 있다. "일베의 특징은 사회의 낙오자들이 권력에 대한 좌절된 욕망에서 권력과 자신을 환상적으로 일체화한 것이다. 그 환각에 빠져 권력이 시키지 않았는데도 자발

5 표창원, '일베에 대한 분석', "표창원의 범죄와 세상 이야기", http://blog.daum.net/drpyo.

적으로 권력의 주구가 되어 사회적 약자들을 공격한다. 그것을 통해 자신들이 주류 권력에 속한다는 허구적 만족감을 느끼려는 것이지만 권력이 쓰레기들을 인정해줄 리 없다. 그럼 그들은 자신들의 충성이 부족해 그런 거라 믿고 더욱더 악랄하게 사회적 약자들을 공격하게 된다."

사실 일베 활동이 원한 감정에 사로잡힌 사회 낙오자들의 일탈 행위라는 유의 해석은 표창원과 진중권만의 독창적인 분석은 아니다. 일베가 사회문제화한 직후부터 많은 사람이 공유해오던 일종의 표준 해석이다. '루저론'이 비등하자 일베에서는 자신이 '명문대 학생' '일류 기업 사원' '고소득 전문직'임을 인증하는 '신분 인증'이 유행처럼 번졌다. '우린 루저 아니거든?'이라는 반박이었다.

지금까지 알려진 바에 따르면 일베 유저에 대한 전수조사나 표본조사는 실시된 적이 없다. 유저 개인의 심층 심리에 대한 본격적인 연구나 면담이 있었던 적도 없다. 일베 유저층에 대해 알려진 사실은 일평균 방문자 수가 약 25만 명 정도라는 것, 8 : 2 정도의 압도적 남초 커뮤니티라는 것, 30대 남성이 주 이용자층이라는 것 정도다.[6] 일베 유저들의 계급 위치는, 정밀한 조사가 가능하다면, 의미 있는 자료일 것이다. 그러나 객관적 데이터가 거의 없는

---

6 「12개 주요 커뮤니티 성향 포지셔닝 맵」, 『동아일보』, 2013. 5. 10.

상황에서 루저나 낙오자라는 식의 라벨링은 일베 유저의 화를 돋우는 것 외에 뾰족한 실익이나 의의가 없다.

이렇게 질문을 던져보자. 일베 유저의 계급 위치를 특정하는 것을 일베 현상의 '해명'이라 할 수 있을까? 일베 유저가 사회 낙오자라면 일베 현상이 합리적으로 설명되지만, 일베 유저가 사회 상류층일 경우 그것은 이해할 수 없는 현상이 되는 걸까? 일베 현상의 해명은 유저 개개인의 사회적 지위를 밝혀내는 작업으로 환원될 수 없다. 일베 루저론은 일베를 비난할 준비가 된 사람들에게 위안이 되어줄 수 있을지는 몰라도 현상의 분석이 되기에는 지나치게 '약한 설명'이다. 게다가 '루저' '낙오자'라는 단어는 그 자체로 강한 가치판단이기 때문에 또 다른 논란을 야기한다. 올바른 질문의 형식은 '일베에 가는 개인들은 누구인가'라기보다 '일베는 무엇인가' '일베는 왜 하필 지금 그 모습으로 현상하고 있는가'이다.

질적 경쟁에서 양적 경쟁으로

일베는 다른 극우 세력이나 넷우익과 구별되는 특이성을 가지고 있다. 정치화 가능성을 스스로 거세한다는 점이다. 친목질 금지라는 대원칙과 디시인사이드의 몇몇 갤러리에서부터 이어진 패륜성이라는 두 가지 특징은 일베 특유의 반-정치성을 구성하는 핵심 요소이다. 이는 곧 인정 투쟁 같은 규범적 개념으로는 일베 현상을 포착할 수 없음을 의미한다. 일베는 긍정적인 자기 정체성을 인정받기 위한 투쟁이 아니며, 그렇다고 모욕당하고 무시당하는 자의 저항이라 볼 수도 없다. 그들은 부정의한 폭력에 유린당한 주체의 윤리적 저항(예컨대 광주항쟁)을 모독한다는 점에서, 심지어 인정 투쟁을 부정하는 측면도 있다. 일베에서 자주 사용되는 '씹선비질'이라는 원색적인 비난은 도덕 판단이나 규범적 정당화의 층위를 무력화하기 위한 전형적인 담론 전략이다.

사회운동으로서의 합목적성이나 정치 세력화의 의지도 결여되어 있고, 어떤 이해관계에 의해 묶여 있지도 않은 이 거대한 집단 행동을 어떻게 이해해야 할까. 일베를 해명하는 작업의 열쇠는 바로 이 질문에 묻어 들어가 있다. 일베 유저와 일부 분석자는 촛불시위 당시 진보의 위선과 비합리성이 자신을 탄생시켰다고 하지만 앞서 언급했듯 사후 발명된 탄생 설화일 뿐이다. 일베를 탄생시키고 추동하는 원리는 그런 식의 정의 감각 혹은 '아이러니적 윤리' 따위가 전혀 아니며 그런 감수성을 통해서는 일베의 일탈을 해명할 수도 없다. 저토록 일관되게 반정치적이고 반도덕적인 커뮤니티가 처음 생겨날 때만큼은 날카로운 윤리적 각성과 대자적 인식에 의해 태어났다는 이야기를 어떻게 납득할 수 있을까.

일베는 분명 오늘날 한국 사회에서 '이데올로기적 내전'의 중심에 있다. 그래서 분석자들은 자꾸 이들을 이데올로기나 사상을 '통해서만' 분석하려 든다. 하지만 그럴수록 그물 밖으로 미끄러져 나갈 뿐이다. 일베는 이념과 사상의 생산지가 아니며 이들을 움직이는 동기도 이념이나 사상이 아니다. 일베는 오프라인에서 실명을 내걸고 활동하지 않는다. 철저히 '네트워크 사회적 주체'다. 그렇다면 이들을 네트워크 사회론으로 규정하는 게 자연스럽다. 실제로 일베의 행태를 보면 정치 세력이나 이념 집단이 아니라 네트워크 아미network army에 훨씬 가깝다. 네트워크 아미란 1990년대부터 쓰이던 용어다. 리처드 헌터는 이를 '지리적으로 제약받지 않고 특정한 주제에 영향을 미치려는 집단'이라 정의한다.[7] '아미(army, 군대)'라는 말을 사용하는 데에는 이유가 있다. '네티즌'이나 '현명한 군중smart mobs'과 같은 개념에서 보이는 공공성 또는 도덕적 뉘앙스를 배제하기 위해서이다. 네트워크 아미는 오픈소스 운동처럼 사회적 가치를 만들어내기도 하지만, '신상 털기', 해킹, 어뷰징(게시물 추천 수 조작 등 정상 운영을 방해하는 행위) 등의 일탈 행위 역시 벌이기 때문이다.

인터넷 도입 초기에 정치 담론이 오가는 온라인 커뮤니티들은 소위 '팬클럽-공론장 모델'이었다. 이 중에서, 강한 내부 규율과 도덕적 자의식을 가지고 사회적 영향력을 발휘한 대표적 커뮤니티가 노사모였다. 시간이 흐르면서 이런 공간들은 쇠락했다. 대신에 사람이 많이 모이는 취미, 유희, 소비자 커뮤니티가 정치 담론

---

[7] Richard Hunter, *World Without Secrets: Business, Crime and Privacy in the Age of Ubiquitous Computing*, New York: John Wiley & Sons, 2002.

의 유통을 겸하게 되었다. 디시인사이드, '웃긴대학' 등이 급속히 덩치를 불려가던 시기를 하나의 분기점으로 삼을 수 있을 것이다. 어뷰징을 주고받는 '커뮤니티 전쟁' 문화도 성행했다. 큰 커뮤니티는 집단 어뷰징을 통해 작은 커뮤니티를 마비시켜버릴 수도 있지만 작은 커뮤니티는 당할 수밖에 없었다. 담론의 정당성을 놓고 경쟁하는 질적 투쟁은 '쪽수'와 '트래픽'의 양적 경쟁으로 대체되어갔다.

주목 경쟁: 더 많은 관심, 더 많은 쾌락

커뮤니티 전쟁은 종종 정당한 이유 없이 벌어지는 것처럼 보인다. 일베의 혐오 담론은 정당화의 포즈조차 없는 노골성과 폭력성을 드러낸다. 혹자는 '로버스 케이브 공원 실험'을 연상할 수도 있을 것이다. 1954년에 심리학자 무자퍼 셰리프는 비슷한 또래, 비슷한 가정환경의 소년들을 캠핑장에 모은 다음 편을 갈라놓았다. 불과 며칠 사이에 두 '부족' 사이에 강렬한 적대와 갈등이 발생했다. 야유와 위협은 물론 야습을 감행해 상대 깃발을 찢어놓기도 했다. 유혈 사태가 우려될 정도로 상황이 험악해지자 실험을 주관하던 셰리프 박사조차 겁을 먹게 되었고 급기야 실험은 중지되었다. 소설『파리대왕』의 모티프가 되기도 했던 고전적인 사회심리학 실험이다. 그런데 일베의 행태는 정말 아무 이유가 없는 '묻지마 폭력' 같은 것일까? 그렇지 않다는 생각이다. 다만 거시적 차원에서 극우 담론이 확산되는 사회경제적 배경과 극우 담론이 실제 활발히 유통되는 공간 내부의 동기부여와 작동 원리는 구별해서 논의할 필요가 있다. 모티베이션이라는 개념을 가지고 구분하자면 전자를 '심층 동기deep motivation', 후자를 '표층 동기surface motivation'라 말할 수도 있다. 두 층위를 구별하지 않으면 주체는 단순히 사회구조에 즉자적으로 반응하고 일방적으로 휘둘리기만 하는, 지나치게 단순하고 1차원적인 존재가 되고 만다.

지금까지 살펴본 것처럼 일베는 이해관계, 권력의지, 이념성 같은 개념으로 포착하기 어려운 독특한 양태를 보이는 공간이다. 일베의 유희성에 주목해 '인터넷 놀이 문화'라는 점을 부각하는 분석들도 있지만 왜 하필 일베 같은 형태의 놀이 문화가 나왔는지에 대해서는 설명하지 못한다. 사회경제적 배경과 별개로, 일베라는 공간의 구체적 작동 원리는 무엇인가.

그것은 바로 주목경제가 아닐까 한다. 고도 정보화 사회에서 인간의 행동 양식을 설명하기 위해 토머스 데이븐포트 등의 경영학자들, 그리고 찰스 더버 등의 사회학자들이 발전시켜온 개념이다. 간단히 말해 타인의 주목을 추구하는 활동이 최우선 순위를 점하게 되는 경향성 또는 사회 환경을 가리킨다. 주목경제 개념은 노벨 경제학상을 수상한 인지심리학자 허버트 사이먼의 '정보 풍요' 착상, 즉 정보량이 많아질수록 관심이라는 자원이 부족해진다는 착안에서 처음 시작되었다. "정보를 소비한다는 것은 너무나 분명하게도 수용자의 관심을 소비하는 것이다. 정보가 넘쳐날수록 관심은 부족해진다."[8]

주목경제는 주목 경쟁attention struggle을 통해 성립한다. 정보는 넘쳐나는데 담백하고 점잖게 말하면 누구도 주목하지 않는다. 관심을 받기 위해 발언 수위나 행동이 점점 과장되거나 자극적인 형태가 된다. 심지어 주목을 받기 위해 일부러 비난받을 행동을 하는 경우도 심심찮게 벌어진다. 소위 '노이즈 마케팅'이다. 주목을 획득하기 위한 경쟁이 이렇게 살벌한 시대이기에 어찌 보면 인정 투쟁은 목가적인 소리로 들릴 수 있다. 주목조차 받기 힘든데 인정을 획득하라니!

주목경제에서 희소 자원은 타인의 관심이다. 그리고 오늘날처럼 '정보 초과잉 사회'에서 타인의 관심은 주체의 효능감을 강하게 자극하고 또 충족시킨다. 일베가 진보를 공격하는 것은 그것이 옳기 때문이 아니라, 인터넷 공간에서 그쪽이 더 많은 관심(부정적인 관심이라 할지라도)을 획득할 수 있기 때문이다. 요컨대 '더 많은 관심이 더 많은 쾌락을' 준다. 주목경제가 커뮤니티의 최우선 작동 원리라면 논리적·도덕적 정당성, 때로 금전적 이득도 부차적인 고려 사항이 된다. 사상이나 이념도 후순위로 밀린다. 그래서

---

8 H. A. Simon, "Designing Organizations for an Information-Rich World", *Computers, Communications, and the Public Interest*, Baltimore: The Johns Hopkins University Press, 1971.

이념을 위해 주목을 추구하는 게 아니라 주목을 위해 이념을 추구하는 전도가 일어나는 것이다.

넷우익이라는 '보편 증상'

사회적 배경

타자에 대한 편견과 혐오를 누구나 어느 정도는 갖고 있다. 정도의 차이야 있겠지만 편견과 혐오를 전혀 가지고 있지 않은 사람은 없다. 사람들은 혐오를 그저 간직하고만 있지 않으며 종종 말이나 몸짓, 눈짓으로 표현한다. 그 순간 혐오의 표현은 사회적 맥락에 따라 해석되며 심할 경우 윤리적 비난을 받거나 극단적인 경우 법적 처벌을 받게 된다. 문명사회에서 타자 혐오의 감수성은 그렇게 법, 제도, 교육, 문화 등 사회적 압력에 의해 순치되고 억눌러진다. 그러나 어떤 사회적 조건들과 만날 경우 이 감수성이 대중 차원에서 '활성화'되는 것처럼 보인다. 즉, 타자 혐오 경향이 사회적 압력을 밀어낼 정도로 강해지거나, 사회적 압력이 타자 혐오 경향을 누를 수 없을 정도로 약해지거나, 혹은 둘 다인 경우다. 그 사회적 조건, 그리고 이런 심리가 작동하는 메커니즘은 무엇일까?

사회적 조건부터 살펴보자. 먼저 '하강기 또는 불황기 자본주의'라는 환경을 꼽을 수 있다. 일본의 사회학자 다카하라 모토아키는 한·중·일 세 나라 청년 세대의 적대 의식을 분석하는 책에서 일본 청년 세대의 '원한 감정'이 사회경제적 배경과 관련이 있다고 말한다.

> 오늘날 젊은이들은 자기들이 고도성장의 혜택을 받지 못했다는 불만을 가지고 있다. 그리고 점차 커지는 이러한 원한의 감정을 인터넷 등을 통해 분출하고 있다. 이들의 불만이 '나도 정사원이 되게 해달라'는 방향으로밖에 향하지 않는다는 점—예를 들면 이들은 창업이나 프리랜서 같은 전문직을 단순한 사회적 하강 이동으로밖에 보지 않는다—이 오히려 마음의 폐쇄감을 더욱 고조시키고 있다. 오늘날 일본은, 회사 조직에 소속되지 않는 대안적인 삶의 가능성이라는 '자유'의 여지를 갖지 못한 상태에서 경쟁에서 패배한 사람들은 그냥 잘라 내버려진다는 식의 신자유주의화가 진행되고 있는 상황이다.[9]

다카하라의 책은 2006년 출간되었다(한국에서는 2007년 출간). 그

---

9 다카하라 모토아키, 『한중일 인터넷 세대가 서로 미워하는 진짜 이유』, 정호석 옮김, 삼인, 2007, 27쪽.

가 묘사하는 일본은 놀랍도록 한국과 유사하다. 양국은 전쟁 이후의 급격한 경제성장, 중간계급의 유례없는 팽창, 버블 붕괴(또는 외환위기)와 급속한 신자유주의화라는 비슷한 여정을 겪었다. 다카하라는 이런 사회의 구조적 변화 이후의 내셔널리즘을 '개별 불안형 내셔널리즘'이라 명명한다.

> 한·중·일 세 나라가 각각 상이한 국내 사정을 가지고 있음에도, 오늘날 사회 유동화라는 불가피한 세계적 조류는 세 나라에 공통적으로 나타나고 있다. 이 가운데 각국의 내셔널리즘이, 국가의 발전이나 국민적 통일감을 양성하기 위해 요청되는 내셔널리즘(이른바 '고도성장형' 내셔널리즘)과, 사회 유동화 속에 내던져진 계층의 내셔널리즘(이른바 '개별 불안형' 내셔널리즘)으로 점차 분화하고 있는 것으로 보인다. (……) 서구의 내셔널리즘에서 이민노동자 및 고용 관련 문제가 불거지는 것은 바로 이와 같은 '개인화 이후의 내셔널리즘' 때문이다. 견고한 조직이나 안정성으로부터 내몰려 '불안'을 느끼게 된 사람들이, 그 불안의 중대한 요인인 이민자들, 즉 밖에서부터 자신들의 일자리를 잠식해 들어오는 사람들에 대한 반발감을 높여왔던 것이다.[10]

---

10 다카하라 모토아키, 같은 책, 61~62쪽.

물론 같은 '하강기 자본주의'라 하더라도 평등 지향적 사회라서 상대적 박탈감을 최대한 완화할 수 있다면, 청년 세대의 원한 감정이라든가 '개별 불안형' 내셔널리즘 등이 극단적 형태로 나타나지 않을 가능성이 높다. 그러나 유감스럽게도 한국과 일본은 개인의 강렬한 성취동기를 바탕으로 고도성장을 해온 국가이고, 복지 체계도 기업 복지 중심인 사회라 서구에 비해 훨씬 사회 안전망이 미비한 편이었다. 한국은 일본보다 더 심각한 양극화와 중산층 해체를 겪었기에 다카하라가 말한 '사회 유동화'의 속도도 더 빨랐다. 그 결과 불황에 진입하는 시기에 차이가 있었음에도 양국 청년 세대의 모습은 동시적이라는 생각이 들 정도로 비슷해졌다.

상상된 착취, 능력주의, 그리고 반정치

　　반이주노동자 커뮤니티, 재특회, 일베의 타자 혐오는 각기 다른 내용물을 품고 있다. 앞의 두 주체, 즉 반이주노동자 커뮤니티와 재특회는 정치적 목적의식과 결사結社의 의지가 명확하다. 헤겔의 용어로 말하자면 '인정 투쟁'이라 할 수 있겠다. 반면 일베의 경우 정치적 주체화의 의지가 드러나지 않거나 심지어 내부 규율을 통해 억압한다. 대신 엔터테인먼트로서의 극우(유희적 극우)라는 측면, 네트워크 사회적 주체성이 도드라진다. 일베를 추동하는 '내기물stakes'은 고전적 의미에서 '사회의 인정'이 아니라 '대중의 주목', 다시 말해 개인이 불특정 다수에게 주목받는 것이다.

이런 차이가 있음에도 이들이 구사하는 담론에는 공통적으로 드러나는 모종의 멘탈리티 또는 '심층 동기'가 존재한다. 그것을 통칭해 '상상된 착취imagined exploitation'라는 이름을 붙일 수 있겠다. 이들은 공히 자신을 부당한 착취의 피해자로 자리매김하며, 공동체의 구성원으로서 당연히 받을 몫을 내부의 타자에게 빼앗겼다는 박탈감을 내면화한다. 이런 박탈감은 불공정성에 대한 직관적 인식, 그리고 능력주의 이데올로기에 대한 확신과 단단히 결부되어 있다.

'상상된 착취'는 구체적으로 두 가지 논리를 통해 구현된다. '강자 선망'과 '피해자 되기'이다. '강자 선망'은 강자에 대한 상상적 동일시이면서 동시에 약자와 자신의 분리다. 과거 종부세 부과 대상도 아닌 서민들이 종부세에 반대했던 해프닝의 근저에도 이런 심리가 있었을 것이다. '피해자 되기'는 쉽게 말해 '무능한 너 때문에 내가 피해를 본다'는 인식이다. 넷우익, 군대 폭력, 서구의 극우 담론에서도 흔히 발견되는 이 피해자 서사는 약자를 향한 증오를 정당화하는 알리바이로 작동한다. 이 논리회로 속에서는, 약자·소수자를 위한 작은 사회적 배려와 혜택조차 약자·소수자가 내 몫을 부당하게 착복하는 가해자임을 보여주는 증거로 단죄된다.

'강자 선망'과 '피해자 되기'는 강자가 되려 하면서 동시에 피해자가 되려는 꼴이니 얼핏 모순으로 들릴 수 있지만, 모두 능력주의의 변종이라는 점에서 같은 뿌리를 지닌다. 능력주의meritocracy는 말 그대로 '능력에 따른 지배'로서, 능력에 따른 보상의 차등을 정당화할 뿐 아니라 당연시한다. 1958년 마이클 영이 『능력주의의 부상』에서 처음 '능력주의'라는 말을 썼을 때, 그의 의도는 지능에 의해 인간의 능력이 점수 매겨지고 이에 따른 차별이 고착화된 사회에 대한 풍자였다. 많은 단어가 그러하듯 능력주의는 시간이 지나며 발명자의 의도와 다르게 변질한다. 뛰어난 능력을 가진 사람이면 인종, 성별, 혈통 등과 무관하게 우대해야 한다는 사상은 확실히 봉건 세습 질서보다 진보적이고 효율적으로 보였다. 때문에 능력주의는 진보적이고 바람직한 가치의 하나로 여겨지게 되었다.

'강자 선망'과 '피해자 되기'는 능력을 판단 기준으로 삼는다는 점에서 능력주의와 비슷하지만 결정적으로 다른 게 있다. '모든 인간이 평등하다'는 기본 인식이 허물어져 있다는 점이다. 평등의 토대가 무너진 능력주의, 그것은 최소한의 진보성이 거세된 능력주의이며 스스럼없이 인종주의와 흘레하는 능력주의다. '강하고 아름다운 존재는 추앙해 마땅하다. 하지만 약하고 못난 존재는 벌레 취급해도 좋다!' 이제 저 타락한 능력주의자들은 나보다 '자격membership'과 '능력merit'이 없는데 몫을 더 받는 것처럼 보이는 대상들을 향해 증오와 혐오를 드러내는 데 거리낌 없어진다. 아이러니하게도 반세기가 지나 마이클 영이 예견한 능력주의의 어두운 면이 적나라하게 노출되고 있는 것이다.

그런데 이것이 '상상된' 착취인 이유는 뭘까. 실제 그들을 분류하고 착취하고 배제하는 주체는 내부의 타자들, 이를테면 이주노동자나 여성이 아니다. 자본과 국가다. 하지만 이 타락한 능력주의자들은 자본과 국가에 저항하지 못한다. 자신의 '자격 있음/없음'과 '유능/무능'을 인준해주는 주체가 다름 아닌 자본과 국가이기 때문이다. 결국 이들은 오직 카리스마적 지도자에게 정의를 요청하거나 국가와 거대 자본의 명령에 부응할 수 있을 뿐이다. 그런 면에서 일베 유저들이 국정원이 주최한 관제 행사에 아무런 문제의식이나 수치심도 없이 떼 지어 몰려간 장면은 의미심장한 것이었다.

정당정치와 분배 구조가 현실의 모순을 반영하지 못할수록, 정치는 사회경제적 불만을 생산력과 제도로 해결하기보다는 어떻게 대중에게 즉각적인 쾌락을 주느냐를 가지고 경쟁하는 게임이 되기 쉽다. 모두에게 '빵'을 주지는 못하지만 '2등 국민'을 차별하며 우월감을 느끼는 행위를 방치함으로써 불만을 위무하는 일종의 극장형 사회가 되는 것이다. 이렇듯 차별이 당연시된 사회에서는 기존 정치에 대한 불신이 매우 강력하고 실제로 대중의 봉기가 빈번하게 발생함에도 그 에너지가 더 급진적인 민주주의로 상승하지 못하고 불완전연소 해버리는 일이 빈번하게 벌어진다. 이것이 바로 '반정치화anti-politicization' 현상이다.

반정치화의 형식은 다시 두 가지로 구별할 수 있다. '반정치적 정치anti-political politics'와 '정치적 반정치political anti-politics'가 그것이다. 반이주노동 커뮤니티 담론은 반정치적 정치이다. 즉, '민주화' 대 '산업화'라는, 더 이상 작동하지 않는 허구적 적대를 내파하면서 우리가 실제로 직면한 적대가 얼마나 외설적인지를 적나라하게 폭로한다. 반면 일베는 정치적 반정치이다. 즉, 이데올로기 투쟁의 외피를 걸친 맹목적 주목 경쟁을 통해서, '우파의 불만'을 표상하는 거대하고 황량한 공백으로 출현하는 것이다.

다소 주제에서 벗어나는 논의이지만 넷우익과 소위 촛불시민을 일종의 길항 관계로 파악해볼 수도 있다. 이는 '일베는 촛불에 대한 반작용' 운운하는 인과적 설명과는 일절 무관하다. 넷우익과 촛불시위는 공히 사회의 반정치화라는 보다 상위의, 포괄적인 사회적 경향으로부터 기인한다. 그러니까 여기서 길항 관계라는 건 '같은 뿌리에서 나왔으나 서로 경쟁하고 대항하고 있다'는 의미다. 넷우익이 우파-기층 보수의 불만을 표상하는 '공백'으로서 출현했다면, 촛불시민은 좌파-운동권의 공백을 일거에 봉합하고 채워 넣으려는 '과잉'이었다. 과잉인 이유는 이들이 반정치적 정치와 정치적 반정치를 동시에 구현하려는 주체이기 때문이다. 정당정치의 지지부진한 과정을 생략하고 광장에서 주권자와 직접 대면하려는 모습은 반정치적 정치인 반면, 보수 우파와의 정치투쟁을 '선악의 아마겟돈'으로 파악하는 모습, 예컨대 새누리당이 반대하는 것은 당연히 옳은 것이므로 우리는 찬성해야 한다는 식의 폐쇄 회로적 진영 논리는 정치적 반정치라 규정할 수 있을 것이다.

일베의 미래는 어떤 모습일까.『거리로 나온 넷우익』의 저자 야스다 고이치는 한국어판 출간기념 대담에서 "한국의 일베도 재특회처럼 거리로 나올 것이라 생각하는가?"라는 질문에 이렇게 대답한 바 있다.

> 한국 사회의 대응에 달려 있다. 재특회가 처음 나왔을 때 일본의 언론들, 지식인들은 마치 넷우익들이 세상에 존재하지 않는 것처럼 무시하거나 주변화시키면 금세 사라질 거라고 생각했다. 그러나 틀렸다. 재특회는 더욱 날뛰었다. 이들에게는 정면으로 대응해야 한다. 그러나 형사처분은 권력을 호출한다는 점에서 역효과를 낼 수 있다. 결국 시민의 힘으로 제어하는 수밖에 없다고 생각한다.

2장 · 한국의 극우 정당, '오지 않은 미래'인가?

김민하

한국에 극우 정당이 있는가? 이 물음에 대한 답을 하기란 은근히 어렵다. 답을 하려는 사람이 갖고 있는 정치적 지향에 따라서 그렇다고 대답할 수도 있고, 아니라고 대답할 수도 있기 때문이다. 세상이 비교적 합리적으로 돌아가고 있다고 생각하는 사람의 눈에는 한국 정치에 극우 정당은 아직 출현하지 않았을 테지만, 세상이 완전히 엉망진창인 상태로 무너지고 있다고 생각하는 사람의 눈에는 벌써 예전부터 극우 정당이 존재해왔을 것이다.

이 물음과 관련하여 2013년 10월의 시점에서 극우 정당인지 여부를 가장 규정하기 어려운 정당은 집권 여당인 '새누리당'이다. 이들은 한국 정치 지형에서 '우익'의 역할을 자임하면서도 2012년 대선에서 '경제민주화' '복지 정책 확대' 등의 진보적 구호를 앞세우며 정권을 획득하는 데에 성공했기 때문이다. 때문에 정작 이들에게 던져야 할 질문은 '그들은 중도인가?'이지 결코 '그들은 극우인가?'가 될 수 없다.

하지만 새누리당의 주요 정치인들이 극우 정당에나 걸맞을 발언을 매양 하고 있다는 점은 이 문제가 그리 간단하지 않다는 점을 드라마틱하게 보여준다. 예를 들면, 차기 대권 주자의 한 사람으로 꼽히는 정몽준 새누리당 의원은 수차례에 걸쳐 '핵무장'을 주장했다. 오늘날 핵무기 감축이 국제정치의 상식이 되고 후쿠시마 원전 사고 등으로 말미암아 핵 그 자체의 위험이 강조되고 있는 상황에서 집권 여당의 유력한 정치인이 공개적으로 핵무장의 필요성을 공공연하게 발언한다는 것은 보통 일이 아니다.

공동체의 '외부'를 상기시키는
보수 정치의 트렌드

물론 정몽준 의원의 발언이 아주 뜬금없이 제기된 것은 아니라고 이해할 수도 있다. 그의 주장은 북한이 3차 핵실험을 통해 핵전쟁의 위협을 가하고 있는 상황에서 우리도 핵을 보유해야 파국적인 상황이 벌어지는 것을 막을 수 있을 것이라는 이야기이기 때문이다. 즉, 핵을 보유해야 핵 억지력을 발휘할 수 있고 이를 통해 평화를 유지할 수 있다는 게 그와 같은 사람들이 내놓는 주장의 핵심이다.

하지만 이러한 논리는 북한의 논리와 별다를 게 없다는 점에서 역시나 어떤 '극우적' 사상으로부터 도출된 것 아니냐는 지적을 피할 수 없게 된다. 북한 역시 핵을 가져야 체제를 존속시킬 수 있다는 주장을 국제사회에 거듭 제기하면서 국내적으로는 이를 전체주의적 체제 유지의 근거로 전용하기 때문이다. 즉, 북한 체제가 보여주는 것처럼 정몽준 의원의 주장 역시 핵 억지력을 위해 핵무장을 해야 한다는 논리 이면에 어떤 의도가 있을 거라는 추측을 쉽게 할 수 있다는 것이다. 그리고 그것은 당연하게도 그가 전제하는 이상적인 한국 사회는 북한 체제의 대립 항으로서 하나의 전체주의적 공동체가 되는 것임을 나타내는 것일 게다.

마찬가지로 차기 대권 주자의 한 사람으로 꼽히는 김무성 새누리당 의원도 일부의 이런 집단적 욕망을 반영하는 발언을 수차례 내놓은 바 있다. 그는 소위 뉴라이트 역사 교과서의 존재를 옹호하며 "좌파와의 역사 전쟁에서 승리해야 한다"라고 주장하는가 하면 2008년 촛불시위를 언급하며 당시 공권력이 적절히 사용되지 못해 시위를 진압하지 못한 것이라며 "전부 다 바꿔버려야 한다"라고 공개 석상에서 당당하게 발언하고, 이른바 '강성 노조'의 폐해를 지적하며 "이 시점에서 이들을 두들겨 잡지 않으면 경제가 발전하지 못한다"라고 지적하기도 했다.

그가 이런 발언을 연속으로 내놓는 이유도 근본적으로는 정몽준 의원의 그것과 다르지 않을 것이다. 이들은 공동체에 해악을 끼치는 어떤 요인이 있고 이것에 강력하게 대항함으로써 하나의 단결된 전체주의적 사회를 건설하는 것에 대한 열망이 국민 사이에 존재한다는 점을 반영한 것이다. 그리고 이를 대변하는 정치인은 바로 자신이라는 점을 거듭 강조하는 것으로 차기 대권 주자의 위상을 명확히 하자는 것이다.

이 두 사람이 내놓은 일련의 발언들은 최근 보수 세력이 끊임없이 재생산하는 정치적 프레임의 트렌드를 일관되게 반영하고 있다는 점에서 의미심장한 구석이 있다. 북한-사회 전복 세력-좌파 등은 하나로 묶여 공동체를 파괴하는 외부적 해악 요소로 인식된다. 이를테면 '운동권'은 이들 외부 세력이 공동체에 파견한 '스파이'와 비슷한 것이다. 이 외부적 해악 요소로부터 공동체를 보호하는 것은 당연히 국가와 공권력이다. 때문에 보수 세력은 공권력의 강화를 주장하며, 국가가 이러한 해악으로부터 구성원을 보호할 것이라는 점을 계속해서 보증하려고 한다.

박근혜 대통령이 후보 시절 '4대 악 척결'을 공약으로 내세운 것은 이런 트렌드를 선거 전략에 세련되게 반영한 결과이다. 박근혜 대통령이 내세운 4대 악은 가정폭력, 학교폭력, 성폭력, 불량식품이다. 이 네 가지 요소는 그간 우리 사회의 구성원들이 '개입하지 않아도 될 일'이라고 여겨온 것들이라는 점에서 이에 대한 사회적 위협의 증대를 결과적으로 보여주는 것이기도 하다.

권력과 결탁한 극우 정치의 자력구제

남편이 여편네를 두들겨 팬다는 게 별 흥이 안 되던 시대가 있었던 것이다. 애들끼리 싸우고 선생님에게 맞는 게 이상한 일이 아니던 때도 있었던 것이다. 성폭력의 경험을 자랑스럽게 공유하고, '그런 거 다 신경 쓰면 세상에 먹을 것 하나도 없다'고 말하던 시대가 분명히 있었다. 하지만 이제는 그런 모든 것이 '위협'이 되어버린 것이다.

물론 나는 '옛날이 좋았다'류의 이야기를 하려는 것이 전혀 아니다. 4대 악이 척결되지 않는 사회는 야만에 가까운 지옥일 거다. 내가 말하고 싶은 것은 이런 위협들에 대한 태도가 공권력의 역할을 포함한 사회적 성숙을 촉구하는 맥락에서 제기되는 것이 전혀 아니라는 것이다. 이런 문제들이 외부적 위협과 하나로 묶여 공권력을 강화하고 일상생활에 대한 국가의 개입 여지를 증대하는 것에 대한 근거로 작용하며 이 모든 것이 하나의 프레임으로 묶여 작동하고 있다는 점에 주목할 필요가 있다는 것이다. 이 프레임을 구성하고 있는 위협의 요소가 알코올의존증 남편이 될 수도 있고 북한이 될 수도 있으며 유대인이 될 수도 있다는 것이다. 때문에 공권력이 나서서 이들을 '두들겨 잡아야' 한다. 지금 제기된 프레임의 성격은 이렇게 봐야 한다.

최근 인터넷을 중심으로 벌어진 몇몇 사건을 보면 이런 변화는 더욱 두드러진다. 애국심에 불타는 네티즌들이 보기에 '좌익'의 낌새가 있다고 판단되는 사람들을 국정원에 마구 신고해 '절대시계'로 불리는 경품을 받았다는 이야기는 이제 그리 특별한 것이 아니게 되었다. 대학에서 자본론을 강의하던 강사 역시 이념이 편향되었다는 이유로 국정원에 신고되었다. 레드 콤플렉스로 가득 찬 남한 사회에서 그 정도 사건은 특별하게 취급할 필요가 없다고 말할 수도 있겠지만 분명한 것은 문제가 제기되는 방식이 바뀌었다는 것이다.

오히려 이전에는 본인들이 직접 나서서 남을 혼내주는 방식을 사람들이 더 선호했다. 인터넷의 발달은 이러한 일들이 매우 간편한 방식을 통해 진행될 수 있는 환경을 조성해주었다. '네티즌 수사대'니 '신상 털기'니 하는 것들은 이러한 상황을 그대로 반영하는 것이다. 자칭 '정의의 수호자들'이 그게 어떠한 잘못이든 잘못한 사람을 찾아내서 그 사람의 개인 정보를 공개하고 가상현실적 방법을 동원해 테러를 감행하는 게 일반적 수순이다. 이런 공격은 그 사람이 사과 의사를 밝힐 때까지, 즉 백기 항복을 할 때까지 반복된다. 이런 과정에서 주로 공권력의 제재를 받게 되는 쪽은 자력구제를 실행한 쪽, 즉 정의의 수호자들이다.

하지만 이제는 정의의 수호자들이 오히려 국가를 통해 잘못한 사람을 찾아내고 응징하도록 하는 게 트렌드가 되었다. '절대시계'는 이런 일련의 상황이 복합적으로 사건화된 것이다. 우리가 이러한 변화를 두고 과감하게 파시스트 국가의 모습을 연상할 수 있다면 대중의 근저에 놓인 이런 변화는 '극우 정치'의 기반을 상징하는 것으로 해석할 수 있을 것이다. 나치 독일의 '유대인 혐오'

가 대중이 체제에 대해 가진 일반적 분노를 정치가 주체가 되어 특정한 위협에 대한 분노로 전화시킨 것이라는 사실을 되짚어보면 이런 해석은 더욱 설득력 있는 것으로 제시될 수 있다.

극우주의의 매력적인 급진성

이러한 극우주의의 정치적 성장은 비단 국내에 국한되는 것은 아니다. 어떤 의미에서 이것은 세계적 트렌드라고도 볼 수 있다. 당장 얼마 전까지 국내의 '일간베스트저장소'와 일본의 '니챤네루2ch'를 놓고 언론 등에서 열심히 비교를 했다는 사실 역시 이런 맥락에 포함된다. 두 사이트의 비교는 양국이 사회적으로 공통된 어떤 변화를 감내하고 있다는 점을 심도 있게 탐구하는 것이기도 했지만 한국 사회에서 극우 정당의 출현을 예상해보자는 의미를 담고 있기도 했다. 일본의 경우 니챤네루에서 발견된 극우적 정서들이 '재특회'라는 단체와 '일본 유신의 회'라는 정당으로 발현된 바 있기 때문이다.

이런 맥락에서 보면 앞서의 질문인 '한국에 극우 정당은 있는가?'에 대한 대답이 단순해질 수 없겠다는 판단이 든다. 이 질문은 현존하는 특정한 정당의 성격에 대한 것이 아니라 새롭게 제기되는 사회적 위기들을 극우주의를 전면에 내세우는 것으로 해결할 수 있다고 주장하는 신생 정당이 존재하느냐에 대한 물음이기 때문이다. 이런 맥락에서 위의 질문에 대한 대답은 '없다'고 하는 게 정확하다.

극우 정당의 정치적 부상은 특히 유럽에서 특징적으로 나타나고 있는데, 잘 알려진 예로는 프랑스의 '국민전선^{FN}'이 있다. 이들은 프랑스 좌파의 전반적인 우경화 속에서 놀라운 속도로 성장해 2002년 대통령 결선투표에 진출한 것에 이어 2012년에는 24년 만에 두 명의 의원을 배출하는 데 성공했다. 이들은 노골적으로 외국인 추방, 유럽연합 반대, 친미주의 반대 등을 내세우며 자신들의 사상적 지향을 명확히 나타내고 있다.

이들이 대중을 사로잡는 매력은 일종의 '급진성'이다. 프랑스의 경우 거듭된 경제 위기와 이에 대한 집권 세력의 무능으로 극렬한 대중적 반발을 되풀이해서 겪은 바 있다. 2005년의 최초고용계약^{CPE} 반대 운동이 극렬한 시위로 나타난 것이나 위기를 겪고 있는 빈곤층 이민자 청년들이 폭동을 일으킨 '방리유 사태' 등이 벌어진 것은 프랑스 사회에서 국민전선이 인기를 얻게 된 계기가 무엇인지를 잘 보여준다.

재미있는 것은 이 두 가지 사건으로 같은 노선을 걷던 두 정치인의 처지가 급변하게 된 것인데, 당시 국무총리였던 도미니크 드빌팽이 대다수 프랑스 젊은이에게 불리한 최초고용계약을 밀어붙였다가 반발에 부딪혀 이를 철회하면서 내리막길을 걷게 된 반면, 니콜라 사르코지 당시 내무장관은 "청소기로 싹 쓸어버리겠다"라는 발언까지 내놓으며 빈곤층 이민자 청년들이 주축이 되어 일으킨 방리유 사태에 대한 강경 진압을 시사해 대통령까지 되었기 때문이다.

물론 두 사람의 정치적 엇갈림은 2006년의 이른바 '클리어스트림 스캔들'에서 결정적으로 벌어진 것이지만, 2005년의 혼란에서 어떤 역할을 맡았느냐에 따라서 역전이 시작되었다고 봐야 한다는 게 필자의 생각이다. 즉, 두 개의 투쟁은 경제 위기의 책임이 대중에게 고통이라는 형태로 전가되는 것에 대한 반발이라는 공통분모를 갖고 있지만 분명하게 서로 다른 지점을 보여주고 있다. CPE 철회 투쟁의 급진성은 공동체를 유지하기 위한 급진성이라 여기는 시각이 있는 한편, 방리유 사태에서 보여준 급진성은 체제 외부의 존재들이 갖는 급진성으로 여기는 시각이 있었던 것이다. 그리고 각 사태에 대한 책임이 어떻게 부각되었느냐에 따라 도미니크 드 빌팽과 니콜라 사르코지의 운명이 갈리게 된 것으로 해석할 수 있다는 이야기다.

국민전선은 바로 이 두 투쟁의 차이를 가르는 급진성을 보여준 셈이다. 즉, 체제에 대한 불만이라는 점에서 국민전선은 급진적인 해법을 내놓으려고 하는 것이지만 그 급진성의 결말에는 자신들이 갖고 있는 사회적 폐쇄성을 더욱 강화하고 공동체에게 위협을 끼치는, 마치 방리유에 사는 이민자와 같은 존재를 거부해야 한다는 기획이 자리 잡고 있는 것이다.

이런 현상은 영국에서도 나타났다. 반反이민정책과 EU 탈퇴를 주장하는 '영국독립당UKIP'은 2013년 지방선거에서 돌풍을 일으키며 주목을 받았다. 이들은 경제 위기와 보수당 정부의 긴축정책으로 생활이 어려워진 영국인이 가진 유럽 대륙과의 해묵은 감정을 건드리며 이민정책의 실패를 강조해 2013년 5월 지방선거에서 23퍼센트에 달하는 지지를 획득했다. 노동당도, 보수당도 대안이 될 수 없다고 생각하는 수많은 사람에게 일종의 급진적 해법을 제시하는 것만으로도 어필할 수 있었던 것이다. 이들의 성장을 막기 위해 집권 보수당은 그간 망설여왔던 이민 억제 정책을 보다 적극적으로 내세우고 EU 탈퇴와 관련한 국민투표 등을 제안하는 방안을 검토 중이다.

경제적 위기에 대한 한국 민중의
극우 정치적 대응

영국독립당의 예처럼 이민자 문제와 EU 탈퇴 문제를 엮어서 제시하는 것은 유럽 극우 정당의 새로운 유행이다. 이민자 문제에 대해서는 민족주의를, 유로존 위기 문제에 대해서는 국가주의를 안티테제로 내세우며 하나의 극우적 해결책을 제시할 수 있기 때문이다. 즉, 경제 위기의 원인을 극우적 취향에 맞게 정리해서 내세우는 것이 현대 극우 정당의 주요한 마케팅 포인트다.

한국의 경우는 어떨까? 경제 위기에서 비롯한 대중의 혼란은 2007년 대통령 선거에서 여실히 드러난 바 있다. 이명박 당시 후보가 내세운 '경제 대통령'이라는 이미지는 대중에게 열광적인 반응을 불러일으킨 바 있다. 10년 동안 야당이었던 한나라당은 경제적 위기와 이를 돌파할 수 있다는 이미지를 갖고 있는 후보 덕에 다시 한 번 집권 여당의 위치로 돌아올 수 있게 되었다.

하지만 이명박 정권 내내 국민의 생활은 나아지기는커녕 더 어려운 지경으로 빠져들게 되었다. 이제 문제는 확실해졌다. 소위 민주 정부의 후예도, 경제 대통령을 자임하는 정부도 대안이 되지 못한다는 자각이 국민 사이에 퍼지면서 유럽이 겪고 있는 것과 비슷한 상황이 되고 말았다. 유럽이었다면 이 시점에서 새로운 극우주의 정당이 나타나거나 그들이 상당한 지지를 획득할 수 있는 조건이 형성되어야 했다. 하지만 상황은 그렇게 되지 않았다. 어째서인가?

우리는 비교적 간단하게 이 질문에 답을 할 수 있다. 한국의 정치와 유럽의 정치가 같지 않기 때문이다. 첫째로 한국의 정치 상황은 유럽의 경우처럼 충분히 중도로 수렴되지 못했다. 이민자 문제는 경제적 측면에서 충분히 폭발력 있는 의제로 자리 잡고 있는 상황이지만 이민정책의 변화를 제도적 수준에서 요구할 만큼 논의가 충분히 성숙되지 못했다. 또, 한국인들은 이 문제의 해결을 제도적으로 요구하는 것보다 일상적으로 영위하고 있는 민족주의적 틀에서 해소하는 것에 훨씬 더 익숙하다. 물론 이 상황은 시시각각 더 좋지 않은 방향으로 변화하고 있다. 따라서 앞으로 무언가 좋지 않은 상황을 벌어지게 할 방아쇠로 작용할 것만은 분명하다. 하지만 최소한 2012년의 시점에서 이 문제는 정치적으로 중요하게 다루어질 만한 무게감을 갖고 있지는 않았다.

둘째는 당시 집권 여당인 한나라당에 일종의 '보증수표'가 있었다는 점이다. 유럽의 이민자 문제처럼 극우 정당 탄생의 계기가 될 수 있는 중요한 '위협'이 한국에 있다고 한다면 그것은 북한 문제일 것이다. 실제로 일부 극우 인사 등은 한나라당과 이명박 정부의 주요 인사들이 이념적으로 충실하지 않다는 비난을 제기한 바 있다. 박왕자 씨 저격 사건에서 비롯한 금강산 관광의 비극적 실패 이후 대북 문제에서 어떤 새로운 시도도 한 바 없는 이명박 정부의 인사들에 대해 그런 의혹을 가질 수 있다는 것은 실로 대단한 일이다. 당시 한나라당 일부 인사들이 '좌파' 운운하며 이념적 순수성을 내보일 수 있는 언사를 늘어놓기도 한 것은 이런 상황 때문이었다고 볼 수 있다.

하지만 무엇보다도 중요한 것은 박근혜 당시 의원의 존재였다. 그는 모두가 알다시피 북한과 체제 경쟁을 벌였던 박정희 전 대통령의 딸이다. 만약 이명박 정부에조차 이념적으로 분명하지 않다는 지적을 할 정도의 극우주의자들이 존재한다면 2012년의 대통령 선거에서 그들이 선택해야 할 것은 극우 정당을 만드는 것이 아니라 그냥 박근혜 후보를 지지하는 것이다. 도대체 그 누가, 도대체 남한 우파 진영에 존재하는 그 어떤 사람이 박정희의 딸보다 이념적으로 충실할 수 있단 말인가? 그렇다면 박근혜를 한나라당에 두고 외부에 극우 정당을 만드는 게 도대체 무슨 의미가 있다는 말인가? 친이親李니 친박親朴이니 하는 한나라당 내부의 극심한 계파 갈등 와중에도 또 하나의 우파 정당이 창당되지 않았던 사연에는 이런 이유도 작용했을 것이 분명하다.

'안전한 좌경화' 보여준 박근혜와 '중도적 급진성' 보여준 안철수

박근혜 당시 후보를 중심으로 한나라당이 이름을 새누리당으로 바꾸고 상징색도 빨강을 선택하며 복지 정책 확대와 경제 민주화 등을 전면에 내세울 수 있었던 것도 다 박근혜 당시 후보의 '출신 성분' 덕분이다. 신원이 확실하지 않은 다른 이였다면 당의 극우적 지지층이 결코 그러한 작업을 용납하지 않았을 것이다. 덕분에 국민은 박근혜 당시 후보를 자신들에게 고통을 준 경제적 위기를 초래한 양대 세력의 후계자로 여기기보다는 무언가 새로운 해법을 보여줄 대상으로 생각할 수 있게 되었다. 즉, 박근혜 후보가 대통령 선거에 출마하기만 한다면 굳이 극우 정당을 안 만들어도 되었던 것이다.

한국의 상황이 유럽처럼 돌아가지 않은 셋째 이유는 정치인 안철수의 등장 때문이었다. 극우 정당이 출현하고 성장하는 경로는 앞에 밝혔듯 기성 정치에 대안이 없다는 점이 부각된 후 새로운 급진적 주장을 대중이 찾아가는 과정에서 발견되기 마련이다. 그러나 안철수의 등장은 새로운 급진적 주장을 대중에게 제시한 것이 아니라 그냥 새로운 캐릭터를 제시하는 데서 그쳤다. 정치인 안철수는 기성 정치의 '무언가'를 바꿔야 한다는 것 외에는 거의 아무것도 주장하지 않았다. 바로 그 점이 밤에 자동차가 오지 않아도 빨간불에 횡단보도를 건너지 않는다는 식의 안철수 개인의 캐릭터와 시너지 효과를 일으켜 국민에게 매력 포인트로 작용했다. 이 것은 거의 한국적 상황에서만 찾아볼 수 있는 특이한 사례다.

물론 기성 정치의 폐해를 극우주의로 극복하려고 하지 않았던 정치 세력이 없는 것은 아니다. 하지만 자신을 대안으로 내세우면서 정치적으로 민감한 어떤 발언도 하지 않는 정치 세력은 없다. 이탈리아의 전직 코미디언(물론 그가 이 직업에 종사했다는 것을 문제 삼자는 것은 전혀 아니다) 베페 그릴로가 2009년 만든 '오성운동'은 극우주의라기보다는 오히려 진보적으로 보일 수 있는 의제를 주로 내세웠는데, 선거 슬로건을 본다면 이 당이 '포퓰리즘 정당'

에 가깝다는 사실을 알 수 있다. 이들은 2010년 지방선거에서 별볼 일 없는 지지를 획득했지만 2012년 지방선거 국면에서는 실비오 베를루스코니 전 총리의 자유국민당을 앞질러 집권 여당인 이탈리아민주당에 이어 2위의 지지율을 획득하는 기염을 토했고, 2013년 총선에서는 원내 제3당이 되는 성과를 이루었다. 이들은 기성 정치의 한계를 지적하면서 EU 탈퇴를 주장하는 등 유럽 내의 탈-유로존 움직임에 발걸음을 같이했으나 극우주의 정당의 형태를 취하지 않은 대표적 사례다.

오성운동처럼 위력적이지는 않지만 비슷한 입장을 취해 상당한 성과를 거둔 정치 세력은 또 있다. 독일의 '독일을 위한 대안AfD'이 그들이다. 2013년 정식으로 출범한 이들은 유로화에 대한 거부를 전면에 내세웠다. 과거의 마르크화 체제로 돌아가자는 것이다. 유로존의 유로화 자체가 독일을 중심으로 한 화폐 동맹에 가깝기 때문에 이들의 주장은 다른 국가의 정치 세력에서 주장하는 반EU-반통합주의보다 훨씬 파격적인 것으로 받아들여졌다. 예를 들어 미국 내의 어떤 정당이 달러화를 기축통화로 하지 말아야 한다는 주장을 한다면 그게 이해가 되겠는가? 지금 바로 그런 일이 일어난 것이다!

하지만 놀랍게도 이런 파격적인 주장을 내놓은 '독일을 위한 대안'은 2013년 총선에서 4.7퍼센트의 지지를 얻었다. 독일의 선거 제도에서는 5퍼센트 이상 득표해야 의석을 얻을 수 있기 때문에 원내 진출은 좌절되었지만 이들의 선전으로 집권 기민-기사당과 연립정부를 구성하고 있던 자민당^{FDP}이 표를 상당 부분 빼앗겨 5퍼센트 이하의 득표를 하면서 보수 연정이 무너지는 이변이 일어났다. 비록 이들이 얻은 득표율은 낮지만 정치적으로는 엄청난 사고를 쳐버린 것이다. 지금 이 글을 쓰는 시점에서 독일의 메르켈 총리는 중도좌파인 사회민주당^{SPD}과 연정을 구성하는 이른바 '대연정'을 위한 회담을 열 것이라는 계획을 밝혔는데 이게 다 '독일을 위한 대안'이 선전을 해 자민당을 링 밖으로 끌어내린 덕분인 셈이다.

물론 오성운동과 '독일을 위한 대안'이 밟아온 정치적 경로는 이탈리아와 독일이 겪은 역사적 경험과 무관하지 않다. 두 나라 모두 전체주의자들의 집권을 허용했고 이후 수습 과정에서 '서독 적군파'나 '붉은 여단' 같은 좌익 테러리즘의 아픔을 경험했던 나라이기 때문이다. 때문에 이들 국가에서는 다른 유럽 국가처럼 쉽게 극우 정치 세력이 기성 정치를 위협할 수준으로 성장할 수는 없었을 것이다. 이들이 극우주의를 내세우지 않으면서도 기성 정치의 대안으로 성장할 수 있는 방법을 고민한 것은 이런 경험과 무관하지 않다.

그러나 그것과는 별개로 여기서 주목하고자 하는 것은 그들이 최소한 '급진적인' 무언가를 말하기는 했다는 것이다. 정치인 안철수도 2012년 대선 국면에서 중앙당 폐지나 의원 정원 축소, 기초의원 공천제 폐지 등을 주장하기는 했으나 그런 주장은 앞의 정치 세력들이 내세운 것처럼 정치적으로 엄청난 의미를 지니는 것은 전혀 아니었다. 오히려 정치인 안철수 최대의 무기는 안철수라는 캐릭터 그 자신이었다. 때문에 이것은 한국적 특수성이라고밖에는 말할 길이 없는 것이다.

어찌 되었든 한국 정치의 이와 같은 흥미로운 요소들 덕분에 2012년 대선을 둘러싼 국면에서는 극우 정당이 출현할 기회가 박탈된 것이다. 하지만 앞으로도 그럴 수 있느냐는 또 다른 문제일 것이다. 그렇다면 이후 한국 사회에 진지한 의미의 영향력 있는 극우 정당이 출현할 가능성은 얼마나 될까?

극우 정당을 만드는 것이 쉬운 일은 아니다. 동호회를 만드는 것과는 완전히 차원이 다른 문제이기 때문이다. 수많은 조건이 그럴듯하게 들어맞아야 비로소 극우 정당이 한국 사회에 출현하는 파격이 일어날 수 있다. 이런 조건에 대해 생각해보기 전에 일단 세계적인 차원에서 돌아가는 상황을 한번 짚고 넘어가야 할 필요가 있을 것 같다.

'혐오감' 불러일으키는 극우 정치의 급진성

극우 정치 세력의 문제는 이들의 급진성이 종종 사람들에게 혐오감을 불러일으키는 방식으로 표출된다는 것이다. 최근 그리스의 극우 정치 세력인 '황금새벽당' 당수와 의원들이 범죄단체 구성 등의 혐의로 경찰에 체포되는 사건이 일어났다. 황금새벽당 지지자를 자칭하는 한 운수노동자가 반-파시즘 운동가인 힙합 래퍼를 총으로 쏴 죽인 사건에 당 조직이 연루되어 있다는 그리스 경찰의 수사 결과에 따른 것이다.

황금새벽당은 1985년에 결성되었고 1993년 정당 등록을 하면서 공식적인 활동을 해왔는데, 유로존 위기로 그리스에 대한 구제 금융과 EU에 의한 긴축정책 수용이 논쟁거리가 되자 2010년 기성 정치에 대한 불만을 등에 업고 2012년 총선에서 의회에 진출했다. 이들은 다른 국가들의 네오나치 세력과 교류를 지속하고 있으며 일부 당원들은 아돌프 히틀러에 대한 지지를 표현한 것으로도 알려져 있다. 당 마크의 문양은 나치와 완전히 같지는 않지만 충분히 그것을 연상시키는 도안으로 되어 있으며 집회 등에서는 당원들이 나치식 경례를 하기도 해 '네오나치'로 분류된다.

이들이 폐쇄적 이민정책 시행을 촉구하는 것까지는 기성 정치가 인정할 수 있는 범위에 있었을 것이다. 하지만 황금새벽당이 터키와의 국경에 지뢰를 심어서 이민을 막자는 급진적 주장을 내놓자 반-인종주의 진영은 격렬하게 반발했고 이를 둘러싼 갈등이 증폭되자 결국 황금새벽당은 사람을 죽이는, 보편적으로 받아들일 수 없는 행위에 관계된 정치 세력이라는 인식이 퍼지고 말았다. 장담할 수 없는 일이기는 하지만, 상식적으로 생각해볼 때 그리스 정계에서 이들의 미래는 결코 밝지 않을 것이다.

비슷한 예는 노르웨이에서도 찾을 수 있다. 이미 유명한 '브레이비크 사건' 이야기다. 노르웨이인으로 오랫동안 백색테러를 준비해온 아네르스 베링 브레이비크는 2011년 오슬로의 노르웨이 정부 청사에 폭탄을 터뜨리고 집권 여당인 노동당의 청소년 정치 캠프가 열리고 있는 우토야 섬에 무장을 하고 들어가 86명의 캠프 참가자를 총으로 쏴 죽였다. 그는 매우 침착하게 사람들을 조준·사격했으며 죽은 것으로 보이는 사람들에게 확인 사살을 하는 치밀한 면모를 보이기도 했다. 체포된 후 그는 노동당의 이민정책을 비난하며 '선언문'을 통해 테러 동기를 밝혔다. 선언문에는 그가 생각하는 일본과 한국의 이상적인 반-다문화정책을 찬양하는 내용도 실려 있었다. 즉, 그의 테러 행위는 전형적인 유럽 극우주의의 급진적 해결책을 선보인 것으로밖에 해석될 수 없게 되었다.

옌스 스톨텐베르그 노르웨이 총리는 사건 이후 추도식, 거리 행진, 기자회견 등에서 멋진 연설을 통해 노동당의 지지율을 급상승시켰다. 그는 브레이비크식의 테러리즘에 굴복하지 않는 방법은 더 많은 관용을 보여주고 민주주의를 수호하는 것이라고 말했다. 많은 노르웨이 국민이 이러한 태도에 대해 찬사를 보냈다. 대부분의 노르웨이 국민이 이 사건에 대한 총리의 대응에 높은 점수를 주었으며 이는 다시 노동당의 정치적 힘을 강화할 수 있는 조건으로 작용했다. 지금 생각해보면 그의 그런 연설은 어딘가 「다크나이트」의 배트맨을 연상케 하는 것이기도 했다. 조커에게 질 수는 없다는 식의……

하지만 2013년 총선에서 스톨텐베르그 총리는 실각하고 말았다. 노동당은 여전히 원내 제1당의 지위를 유지했지만 연정 파트너였던 사회당과 중도당의 성적이 시원찮았던 것이다. 때문에 보수 정당인 보수당, 자유당, 기독민주당에 극우 정당인 진보당이 함께 연정을 구성하고 보수당 소속인 에르나 솔베르그 대표가 총리로 취임할 것이 유력시되었다. 그러나 앞서 사건의 당사자인 브레이비크가 진보당에 소속되기도 했다는 점이 부각되어 결국 보수당과 진보당만 참여하는 내각이 일단 출범한 상황이다. 나머지 두 정당은 현 시점에서는 연정에 참여할지 여부가 불투명하다.

비록 노르웨이에서 노동당이 실각하기는 했지만 결국 브레이비크의 혐오스러운 행동 때문에 극우주의 세력의 입지가 애초에 비해서 줄어든 것은 분명한 사실이다. 이들이 내각에 참여한 이후 취할 행동에 따라 정권의 안정성은 큰 영향을 받게 될 것이다. 극우 정당 구성원 중에 브레이비크와 같은 생각을 가진 자가 있다면 이후 어떤 사고를 치느냐에 따라 정권의 존재 자체가 흔들릴 가능성도 있다. 그런 정도의 사고가 아니더라도 진보당 측이 내세우고 있는 강력한 이민 억제 정책 등이 노르웨이 기득권층에 얼마나 영향력을 행사할지도 미지수다.

오늘날 떠오르고 있는 극우주의가 가진 이러한 급진성은 한국의 경우에도 다양한 경로를 통해 그 맹아가 드러나고 있다. 일부 인터넷 사이트를 중심으로 사람들에게 혐오감을 줄 수 있는 문제를 일으키기 시작한 것이다. 불쾌감을 줄 수 있는 합성물을 만들어 인터넷에 게시한다거나, 그들이 다른 사람들을 비하하기 위해 만든 이미지 등이 어떤 착오에 의해 공중파 뉴스에 등장하게 되었다거나, 휴대용 게임기의 소프트웨어에 특정 정치 세력을 비하하는 문구를 몰래 표현해놓았다거나, 외국 소설을 번역하면서 특정 지역이나 정치 세력을 비하하는 표현을 일부러 사용했다거나 하는 문제들이다. 이들은 노골적으로 특정 지역과 여성에 대한 반감을 표시하고 있는데, 이러한 인식에 기초해 인터넷상에서 사람들에게 경계의 대상이 될 정도의 언동을 게시판 등에 반복적으로 게시하고 있기 때문에 사회적으로 불쾌감을 유발하는 존재로 취급당하는 상황이 이어지고 있다.

물론 이들이 보여주는 이런 정도의 급진주의는 유럽의 수준에 비하면 귀여운 정도라고 평가할 수 있을 것이다. 하지만 사회적 갈등이 지속되고 경제 위기가 심화되면 이러한 불쾌감을 유발하는 표현 수위도 높아질 수밖에 없는 구조가 이미 형성되어 있다. 이런 측면에 대해서는 그간 인터넷에서만 행동하던 이들이 오프라인에 나와서 여성 일반을 비하하는 내용의 1인 시위를 한다거나 특정 지역과 정치 세력에 대한 모욕으로 여겨질 수 있는 이미

지 등을 비공식적으로 전시하는 등 보다 과감한 방식을 취하기 시
작했다는 것에 주목할 필요가 있다. 한국의 정치 구조에서 이렇게
사회적 불쾌감을 유발하는 사람들을 주요한 지지자로 두고 활동
하는 정당을 만들 수 있을까를 물어보면 상당히 부정적인 대답을
내놓을 수밖에 없을 것이다.

방패막이 되고 있는 '진입 장벽'의 아이러니

하지만 그렇더라도 '극우주의가 정치적으로 성장할 수 있
는 토양이 갖춰져 있는 상황에서 누군가 의지를 가지고 극우 정당
을 창당하려고 하면 못 할 것도 없지 않을까?' 하는 질문을 던져볼
수는 있을 것이다. 짧은 답변을 내놓아야 한다면 '못 할 것은 없다'
가 되겠지만 이것도 그렇게 쉬운 일은 아니다. 국내의 정당정치가
기성 정치권의 양당 중심으로 짜여 있기 때문이다.

한국에서 정당을 만들기 위해서는 먼저 중앙선거관리위원회에
창당준비위원회를 등록하는 게 일반적이다. 창당준비위원회 결
성에는 큰 제한이 없으나 등록한 지 6개월이 지나면 자동 해산되
기 때문에 분기마다 새로 등록된 창당준비위원회와 해산된 창당
준비위원회의 이름을 중앙선거관리위원회가 공표하게 되어 있다.
중앙선거관리위원회 홈페이지에 가면 이 기록들을 찾아볼 수 있

는데 생각보다 많은 수의 창당준비위원회가 결성되었다가 해산되고 있다는 사실을 알 수 있다. 그중에는 이름으로 미루어볼 때 극우 정당 결성을 예정하고 결성되었다고밖에는 생각할 수 없는 창당준비위원회도 존재한다.

하지만 이들은 대부분 결국 정당이 되지 못하고 소멸해버린다. 정당을 등록해야 선거 등에서 정당의 이름으로 활동할 수 있는데, 창당준비위원회 등록은 쉽지만 정당을 만들기 위한 제도적 절차가 까다롭기 때문이다. 중앙선거관리위원회로부터 인정받는 정당을 만들기 위해서는 5개 광역에 시도당을 두고 있어야 하는데, 시도당이 결성되기 위해서는 1천 명의 당원 명부가 필요하다. 즉, 정당이 되기 위해서는 총 5천 명의 예비 당원과 그들의 개인 정보가 필요한데 심지어 그들은 1천 명씩 5개 광역에 나뉘어 있어야만 한다는 이야기이다.

이를 달성하는 것은 쉬운 일이 아니다. 정공법으로 아무나 붙들고 창당 취지를 설명해 한 사람, 한 사람에게 서명을 받아 5개 광역에서 1천 명씩의 명부를 만드는 방법을 생각해낼 수 있을지도 모른다. 하지만 모두가 정치를 혐오하는 이 시대에, 남들로부터 백안시되는 극우 정당을 만들겠다는 포부를 알아주는 사람을 과연 그렇게 많이 만날 수 있을지에 대해서는 상당한 의문을 제기할 수밖에 없다.

지역을 장악하고 있는 동네 정치인들을 움직일 수 있다면 또 모르겠다. 모두가 정치를 혐오하는 시대지만 동네마다 정치에 관심을 갖고 살아가는 사람들은 어디에나 있다. 이들은 청년회나 산악회 등의 활동을 열심히 하면서 지역의 소위 오피니언 리더들과 소통한다. 이런 사람을 많이 만날 수 있는 자리는 주민자치위원회 등에서 주최하는 행사다. 동네에서 정치에 관심을 갖고 있는 4대 주체가 모이는 자리이기 때문이다. 4대 주체라는 것은 선거에 출마할 생각을 갖고 있는 예비 정치인, 동네의 정치적 상황에 따라 밥줄에 영향을 받는 공무원, 지방지 기자, 그리고 단체 등에서 활동하는 사람 등인데, 이런 사람들과 안면을 트고 친목을 잘 쌓아야 동네 정치의 '플레이어'로 인정받을 수 있고, 그래야 최소한 '저 사람이 무슨 창당을 하겠다더라' 정도의 소문을 낼 수 있는 처지가 된다.

하지만 극우 정당 창당의 꿈을 품고 이렇게 동네 정치인의 반열에 합류한다고 해도 미래는 밝지 않다. 누구라도 정치에 뜻이 있는 사람이라면 새누리당과 민주당이라는 양당 중 하나를 선택하려고 하지 신생 정당을 도와주려고 하지는 않을 것이기 때문이다. 우리가 알고 있는 동네 정치에 대한 상식은 이미 기성 정치인들도 뻔히 알고 있기 때문에 이런 곳에서 만날 수 있는 조직은 대개 아마도 기성 정당 소속인 그 동네의 유력 정치인과 이런저런 끈으로 얽혀 있을 가능성이 크다. 그리고 이들은 유력 정치인과 정서적·물질적·정치적 대가를 주고받으며 선거 시기마다 '조직'으로서 위력을 발휘한다. 기성 정치라는 건 이렇게 돌아가는 것이다.

결국 남은 방법은 국회의원 등의 감투를 쓰고 있는 유력 정치인을 설득하는 것이다. 그러나 그거야말로 불가능에 가까운 일이라는 걸 우리는 굳이 설명을 안 해도 직관적으로 알 수 있다. 정치인은 대개 이미 당적을 갖고 있는데 그 당적을 버리고 극우 정당에 참여해야겠다는 생각을 하고 있다면 그 사람은 필시 무슨 커다란 범죄를 저질렀거나 당내의 정치적 상황에 휘말려 다음 선거에서 공천을 받지 못하는 처지가 된 것일 가능성이 크다. 전자의 경우 극우 정당에 참여해봐야 극우 정당을 만들고 싶은 사람들에게는 전혀 이득이 되지 않을 것이므로 집중해야 할 것은 후자의 상황이다.

그러나 결국 정치인을 한다는 것도 먹고사는 문제의 일환이기 때문에 그의 입장에서도 당내에 남아서 다음 기회를 노리는 것이 현명한지, 아무런 기반도 없는 극우 정당 창당의 깃발을 굳이 드는 게 현명한지를 따져봐야 할 것이다. 이런 계산이라면 100에 99는 당내에 그냥 있는 게 낫다는 결론을 내릴 수밖에 없을 것이라는 건 매우 분명하다.

결국 의지를 갖고 혼자서 동분서주해도 극우 정당 창당의 꿈을 이루는 것은 엄청나게 어렵다는 게 결론이다. 본인이 무소속으로 출마해 지역에서 신선한 바람을 일으키고 이를 토대로 '새 정치'를 말하며 기성 정치에서 환영받지 못하는 신세가 된 정치 철새들을 설득해 정계 개편을 추동하는 것이 아마 유일한 길일 것이다. 극우 정당을 만들려는 의지를 가진 사람이 대단한 카리스마와 정치적 역량을 갖추지 않으면 어려운 일이다. 그런 게 아니면 하늘의 뜻을 받아야 한다. 이 모델은 일본에서 하시모토 도루가 오사카 시장이 된 이후 극우 정당인 '일본 유신의 회'를 만들어나간 것과 비슷한 경로인데, 하시모토 도루가 정치적으로 유능한 면모를 보여주었다고는 말할 수 없기 때문에 그야말로 하늘의 뜻이었던 것 같다는 말을 할 수 있을 것 같다. 물론 그 일본 유신의 회도 집권 자민당의 우향우 노선에 휘말려 설 자리를 잃어가고 있는 상황이라는 점은 참고할 수밖에 없는 지점이다.

'조직적 기반' 없이는 어렵다

그렇다면 여기서 또다시 하나의 질문이 가능하게 된다. 기성 정치와 양당 중심의 제도가 문제라고 한다면 지금까지 있어왔던 제3당들의 존재는 어떻게 설명할 것인가의 문제가 남는 것이다. 하지만 그러한 제3당들은 제3당들대로 존재할 수 있는 근거를 갖추고 있다는 점에서 극우주의 정당을 창당하는 문제와 연관 지어 생각하기에는 다소 무리가 있다.

우선, 가장 유명한 제3당이었던 자유민주연합과 그 후신들에 대해 생각해보자. 많은 사람이 알다시피 이들은 충청도를 기반으로 한 일종의 '지역당'이었다. 노선으로서는 집권 경험이 있는 지금의 새누리당보다 우파적 노선을 내세우고 있기는 했으나 그래도 그 정당들에게 가장 중요한 존립 근거는 충청도가 소외받고 있다는 지역주의에 호소하는 것이었다는 게 핵심이다.

한국 정치사에는 지역을 기반으로 한 정당이 일반적 형태였던 시기가 있었다. 지금도 영남을 기반으로 한 새누리당과 호남을 기반으로 한 민주당이라는 기본 공식을 우리가 정치의 상식으로 공유하고 있기는 하지만 이와는 다른 양상으로 경북·경남·호남·충청에 각각 그 지역을 기반으로 한 정치 세력이 존재하던 시기가 있었다.

1990년의 3당 합당은 이념적으로는 보수대연합이었지만 대구·경북의 민주정의당, 부산·경남의 통일민주당, 충청의 신민주공화당이라는 지역 연합으로 해석할 수 있기도 하다. 이렇게 결성된 민주자유당 내부에는 출신에 따라 민정계, 민주계, 공화계라는 세 가지 부류의 계파로 나뉘는데, 충청도를 기반으로 분리되는 자민련은 이 중 공화계가 이탈해서 결성한 것으로 볼 수 있다. 따라서 기득권에서 이탈해 하나의 정치 세력이 된 자민련과 그 뒤를 잇는 자유선진당, 국민중심당, 선진통일당 등의 예를 기성 정치에 대한 반발로서 극우주의를 전면에 내세우는 극우 정당 창당의 롤모델로 삼는 것은 어려운 일이라고 평할 수밖에 없다.

1992년 대통령 선거에 후보를 냈던 통일국민당의 경우는 어떨까? 다소 포퓰리즘적 구호를 내세웠던 이 정당은 정주영 현대그룹 회장이 직접 출마를 결심해 창당된 것으로 국가에 맞서 재계의 이익을 내세우기 위한 정치적 맥락 속에서 결성되었다는 특징을 갖고 있다. 1987년 6월항쟁과 그 뒤를 잇는 노동자대투쟁 이전 시기까지 국가와 재계는 그 나름대로 끈끈한 관계를 맺고 있었다. 박정희 정권 말기부터 시장 원리를 보다 적극적으로 도입해 중화학공업과 재벌 중심의 경제체제를 개혁해야 한다는 주장이 내부에서 제기되기도 했으나 이런저런 이유로 받아들여지지 않은 채 정경유착은 꼬리를 물고 이어졌다.

하지만 시간이 지나면서 재계는 더 이상 국가가 통제할 수 없을 만큼 성장하게 되었고 1987년 항쟁들의 여파로 재계가 여러 측면에서 어려움을 겪게 되는 상황이 되자 더 이상 앉아서 당할 수 없다는 여론이 확산되었다. 이런 문제의식을 등에 업고 몇몇 기업인이 직접 국회에 진출하게 되었는데 정주영 회장의 대통령 선거 출마는 이러한 흐름에 화룡점정을 찍은 사태였다. 물론 대선 이후 통일국민당은 문민정부에 의해 처절하게 보복당하고 역사의 뒤안길로 사라지게 된다. 정치는 패자에게 참으로 냉혹하다.

그렇다면 지금도 한국 정치에서 하나의 축을 형성하고 있는 진보 정당의 경우는 어떨까? 사실 극우 정당의 창당에 대해 생각하려면 정반대쪽에 있는 진보 세력이 독자적인 정당을 창당했다는 사실을 먼저 짚어보지 않으면 안 될 것이다. 길지 않은 진보 정당사 속에서도 몇 개의 진보 정당 이름을 추려낼 수 있지만 이 중에서도 진지하게 다루어볼 만한 것은 민주노동당의 사례다.

민주노동당의 창당에는 두 가지 요건이 핵심적으로 작용했다. 하나는 한국의 진보 세력이 정당을 만들겠다는 시도를 멈추지 않고 계속해왔다는 것이다. 1990년 민중당의 창당과 실패 이후 진보 정당 추진이니 노동자 중심의 계급정당 건설이니 하는 진보 정당 건설을 위한 단체들이 계속해서 꿈을 잃지 않고 창당을 시도했다. 물론 잘되지는 않았지만 이들이 버텨준 덕분에 이후 진보 정당 건설이 가능해졌다는 것은 명백한 사실이다.

국민 설득 가능한 극우 정치 운동 있어야

그러나 이것만으로는 결코 민주노동당이 창당될 수 없었다. 민주노동당 창당이 실질적으로 모색될 수 있었던 것은 이제 설명할 두 번째 부분 덕이 클 것이다. 그것은 전노협, 민주노총 등 노동운동을 해오던 세력이 1996년 노동법 개악에 반발해 전국적 총파업에 나섰다는 것이다. 이들의 투쟁에도 아랑곳하지 않고 결국 노동법 개악안이 국회에서 가결되었기 때문에 노동운동 진영에서도 독자적 정치 세력화가 필요하다는 의견이 대두되기 시작했다. 이른바 '노동자 국회의원이 한 명만 있었더라도!'라는 논리인데, 1997년 대통령 선거에서 권영길 민주노총 위원장이 '국민 승리21'이라는 가설 정당을 통해 출마를 감행한 것은 바로 이러한 이유 때문이다. 결국 이것이 발판이 되어 애초에 진보 정당 건설이 필요하다는 주장을 해오던 측과 노동운동을 통해 실질적인 조직 역량을 쌓아온 측이 결합해 민주노동당이 탄생하게 된 것이다.

즉, 이들의 창당 성공 요인은 구성원 사이에 진보 정당의 창당이 필요하다는 공감대가 폭넓게 형성되어 있었다는 것과 이를 뒷받침할 만한 조직 역량이 이미 확보되어 있었다는 점이다. 이 두 가지 요인 덕분에 진보 정당들은 오늘날까지 명맥을 이어올 수 있게 된 것이다.

이를 극우 정당 창당에 대입한다면 어떻게 될까? 일단 극우 정치에 대한 공감대가 일부 국민 사이에서라도 폭넓게 자리 잡고 있어야 한다. 진보 세력은 1987년 노동자대투쟁 이후 국가의 탄압을 견디면서 노동자의 권익 신장과 보호를 위해 노동조합을 결성하도록 하는 등 그들의 대안이 그 나름대로 효력을 갖고 있음을 몸으로 증명해야만 했다. 이러한 시도는 당시로서는 그 자체로 급진적인 것이었다. 이렇게 형성된 노동조합 운동에 대한 상당한 정도의 지지가 조직적 성과로 이어졌고, 이러한 조직적 성과가 진보 정당의 창당으로 이어졌다는 것은 위에서 서술한 바다.

따라서 극우 정치가 이러한 모델을 통해 창당을 모색하려면 극우주의가 현실을 해결할 수 있는 유용한 도구라는 점을 국민에게 설득할 수 있는 운동적 기반부터 갖추어야 할 필요가 있을 것이다. 대표가 안타까운 일로 유명을 달리해 앞으로의 운명이 불투명해졌지만 '남성 연대'라는 시도는 최소한 형식이라는 점에서 그러한 시도에 근접했던 것으로 평가할 수 있겠다.

물론 이러한 시도가 실제로 조직적 힘을 획득하고 기성 정치에 위협이 될 수 있는 극우 정치의 부상으로 이어질 수 있을지에 대해서는 여전히 회의적이다. 앞에서 반복해서 서술했던 바와 같이 우리 사회의 기득권을 점하고 있는 세력은 새롭게 제기되는 극우 정치의 급진성을 받아들이지 못할 가능성이 크기 때문이다. 오히려 그들이 용인할 수 있는 정도의 급진성은 글의 서두에 언급한 집권 세력 내의 인사들이 이미 모두 보여주고 있다. 따라서 어떤 불행한 사람이 극우 정당의 창당을 꿈꾸고 있다면 우리 사회와 정치권에 엄청난 충격을 주는 사건이 발생하지 않는 한, 상당히 긴 기간을 고통 속에서 보내야 할 가능성이 크다. 물론 절망은 누구에게나 공평할 것이라는 믿음을 가질 필요도 있을 것 같다. 식상한 비유를 들어 말하자면, 정치는 생물生物이기 때문이다.

3장 · 한국 개신교 반공주의와 '증오의 정치학'

김진호

신권위주의 체제에서
포스트–신권위주의 체제로

해방 직후 미군정 당국이 파악한 남한 내의 사회주의자와 공산주의자를 합한 좌익 성향이 전체의 77퍼센트(1946년 당시)에 달했음에도 1950년을 경유하면서 한국 사회는 절대적 반공주의 사회가 되었다. 하지만 이 시기에는 아직 반공주의의 전일적 지배가 실현되지는 못했다. 1950년을 전후로 과잉 성장한 군부가 주도했던 통치의 수단은 선과 악의 구분이 모호한 전쟁 체험을 확실한 반공의 기억으로 전체화하기에는 너무 조야했다.

과잉 군사화 사회의 필연적 귀결이라고 할 수 있는 박정희 정권이 등장하고서야 반공주의는 명실공히 사회를 통치하는 전체주의적 원리로 제도화될 수 있었다. 1961년 중앙정보부가 창설되고 반공법이 제정됨으로써 전체주의적 체제의 토대가 되는 감시사회Surveillance Society적 면모가 갖춰졌다. 여기에 1965년 이후 본격화된 발전주의 체제는 군부가 중심이 되고 정계, 관계, 재계, 법조계, 언론계, 학계 등을 아우르는 신新 기득권 집단들이 가세한 반공주의적 개발 연대를 통해 구동되었다. 그리고 1973년 이후 전개된 영동(영등포의 동쪽 지역으로 오늘의 강남, 서초, 송파 지역) 개발은 이른바 토건 체제를 구축하여 지배 계층과 국민 간의 욕망의 연대를 실현했다. 이제 반공주의적 통치는 전 국민의 개발주의적 욕망의 장치로도 작동하게 된 것이다. 게다가 이 토건화 과정이 발생시키는 막대한 초과이윤은 반공주의적 개발 연대를 지지하는 견고한 중상위 계층을 탄생시켰다.

이 시기 이후 이들 중상위 계층은 빠르게 복잡화되고 있던 제도 영역 곳곳에서 사회적 자원을 과점하는 세력으로 성장했고, 1997년 외환위기와 2008년의 금융위기 같은 심각한 전 사회적 재앙 속에서도 사회경제적 자원 상태가 악화되지 않았으며, 1987년 민주화 이후의 격변하는 정치 과정에서도 단단한 수구 보수 지지 세력으로 자리 잡았다. 하여 반공주의적 발전 체제는 사회적 자원을 과점한 중상위 계층의 자원 동원 능력을 통해 유지되는 지배 논리로서 구축되었다.

1993년 문민정부와 이어서 등장한 두 번에 걸친 민주개혁 정권을 거치면서 반공주의적 개발 연대는 분열·약화되었다. 이것은 전후 세대의 가치와 취향이 이전 세대의 그것과 분절되면서 나타난 인식과 감각의 구조 변동 현상과 관련이 있다. 시민사회와 노동계는 빠르게 정치화되었고, 군부는 정치사회에서 퇴출되었으며, 소비사회의 등장과 함께 자본의 탈이념화 현상도 현저해졌다.

하지만 또한 이 시기에 주지할 것은 개신교와 언론에서 반공주의의 부활을 부추기는 본격적인 움직임이 다시 시작되었다는 점이다. 1989년 결성된 한국기독교총연합회(한기총)는 약화된 반공주의적 개발 연대의 재결속을 도모하는 최전방 행위자 역할을 수행했고, 1997년 언론계의 압도적 주도 세력인 일부 보수 언론으로부터 박정희 담론은 화려하게 부활의 날갯짓을 시작했다.

한편 1990년대와 2000년대 전반기를 아로새겼던 민주화가 권위주의적 통치의 핵심적 수단이던 반공주의에 제동을 건 것은 분명하지만, 이 시기에 토건적 개발 연대는 더욱 강화되었다(반공주의가 탈락된 토건적 개발 연대). 전 국민은 더욱 열렬히 토건 체제가 주는 부당 이익에 자신의 모든 욕구를 쏟아부었다. 이렇게 과대 성장한 토건 체제는 MB 정권의 탄생으로 절정에 달했다. 하지만 이 정부는 무리한 토건 사업 등의 추진으로 경제 위기를 심화시켰고, 민주주의를 심각하게 후퇴시켰으며, 시민사회를 현저히 약화시켰다. 또한 대북 정책의 무능함과 정보 통제력의 부재로 군부의 정치적 영향력을 강화하는 결과를 초래했다. 무능과 부패로 비롯된 사회적 위기를 대북 위기론으로 봉합하기 위해 집권 기간 내내 안보 마케팅에 치중한 탓이다. 하여 민주화 이후 퇴조했던 반공주의는 다시 중요한 통치의 장치로 부상했다. 요컨대 토건 세력의 핵심인 MB 정부가 이룩한 것은 토건 체제의 파산이고 퇴출된 냉전적 반공주의의 복원이었다. 이제 토건 세력은 다시 반공주의와 결탁하는 게 필요해졌다. 그 하나의 결과가 박근혜 정권의 탄생이다.

군부, 관계, 정계, 재계, 학계, 법조계를 아우르는 전형적인 산업화 시대의 반공주의적 개발 연대가 재구축되는 데에서 박근혜는 그 상징적 중심이다. 그러므로 현 정부에 와서 반공주의는 명백히 통치의 주된 수단으로 다시 작동되고 있으며, 그 중심에는 군부와 국정원이 있다. 나는 이 현상을 '포스트-신권위주의post-neoauthoritarianism'가 대두하는 하나의 징후로 해석한다.

포스트-신권위주의 체제가 박정희식 신권위주의 체제와 차별화되는 점은 명실상부한 중심이 없다는 데 있을 것이다. 박정희 시대는 '하나의 중심'을 축으로 사회를 획일화할 만큼 단순했다. 하나의 중심축이 되는 존재와 그를 둘러싼 테크노크라트들이 전체의 기획자로서의 역할을 했다. 하지만 오늘의 사회는 기획자가 전체의 흐름을 통제하기에는 너무 복잡하다. 하여 오늘의 권력은 유동적이고 네트워크적일 때 더 유리하다.

바로 그런 맥락에서 지난 2012년 대선을 맞아 사회적 자원을 과점한 각 세력이 서로 탈중심적으로 네트워크화된 연대가 형성되었다. 이전까지 분열되어 있었고 종종 불완전하게 네트워크화된 연대가 비교적 '잘 짜인' 네트워크로 연합 전선을 형성한 것이다. 이들 각 세력은 대체로 과거 신권위주의 체제 시절에 기득권 세력으로 안착한 집단이다. 이때 1997년 역사의 무대로 '재림'한 이후, MB 정권의 실패를 거치면서 맹위를 떨치게 된 박정희 담론이 이 연합의 촉매 역할을 했다. 물론 그 표상은 박근혜다. 하여 박근혜의 상징적 위상을 축으로 하고 이들 집단들의 자원 과점 체제를 유지·강화하는 방식의 개발 연대가 형성되고 있는 것, 그러한 양상으로 사회가 조직되어가고 있는 것, 나는 이를 포스트-신권위주의 체제라고 명명하고 있는 것이다.

하지만 이렇게 등장한 박근혜 정권을 매개로 포스트-신권위주의 체제를 향한 도정이 시작되었지만, 동시에 이 정권은 이 체제를 내파implosion하는 요인일 수 있다. 박정희 담론은 유동적인 네트워크 체제와 좀처럼 부합하기 어렵기 때문이다. 실제로 최근 전개되는 박근혜 정부의 통치는 정보독점을 통한 공포 마케팅에 의존하여 의회를 무력화하면서 권력 집중적 체제의 재구축을 도모하는 양상을 드러내고 있다.

문제는 앞서 말했듯이, 중앙의 통제가 효과적으로 작동하기에는 사회가 너무 복잡해졌다는 데 있다. 더욱이 소비사회와 지구화 과정을 거치면서 과대 성장한 거대 자본 세력은 반공주의적 권위주의 정권의 융통성 없는 통치권 안에 항구적으로 머물러 있을 가능성이 많지 않다. 반공주의는 자본축적에 방해가 되는 경우가 더 많기 때문이다. 또 법무부나 검찰 같은 일사불란한 조직을 거느렸던 박정희 시대와는 달리 박근혜 정권은 독자적인 자기 이해에 기반을 두고 작동하는 대형 로펌들을 주요 동맹자로서 상대해야 하며, 무한 경쟁 상황에 놓인 언론 기업들도 언제나 하나로 통합될 수 있는 입장에 있지 않다. 제한된 광고 시장에서 지상파방송, 종편방송, 케이블방송 등이 무한 경쟁을 벌이는 상황에서 일사불란함이란 불가능한 구호에 지나지 않는다. 게다가 박근혜 정권에 전례 없이 열렬한 지지를 보이고 있는 다수의 국민 역시 공포 마케팅의 열렬한 소비자로 계속 남아 있을 가능성은 별로 없다. 얼마 전까지, 그러니까 반공주의적 공포 마케팅이 광적인 효력을 발휘하기 직전까지, 그들은 경제민주화와 복지 담론의 열렬한 소비자였다. 하지만 현재의 심각한 저성장 상황에서 적극적인 경제민주화나 복지를 위한 개혁 프로그램 없이 단지 공포 마케팅으로만 그들을 지속적으로 지지 세력으로 묶어내는 것은 거의 불가능에 가깝다.

어쩌면 현 정부가 누리고 있는 모든 기회가 무너지는 순간이 한꺼번에 닥쳐올 수 있다. 그리고 그 내파의 순간은 그리 오래 걸리지 않을지도 모른다. 소통과 절충의 미학인 정치를 소멸시켜버리는 반공주의적 공포 마케팅 전략이 근원적으로 지양되지 않는 한 말이다.

그럼에도 지금은 포스트-신권위주의 체제가 출범하고 있다. 현재 그 기세는 막강하다. 그 상징적 중심에 박근혜가 있고, 그러한 연합의 속성은 반공주의적 개발 연대라고 정의할 수 있다. 즉, 반공주의와 성장주의가 결합된 형태의 거대한 사회적 욕구가 이 정권을 둘러싼 막강한 지배 체제를 이루고 있다.

이 글은 이 체제의 구동 엔진이자 최근 공포 마케팅의 중심 논리인 '반공주의'를 부활시킨 장본인이자 지금까지 가장 열렬한 행위자의 하나인 개신교 주류 세력을 살펴보는 데 초점이 있다. 왜 개신교 주류 세력은 반공주의적인가. 혹은 반공주의적 개신교가 왜 개신교의 주류 세력이 되었는가. 이 물음을 살피기 위해 이 글은 한국 개신교의 주류 세력이 형성되는 과정을 현대 한국 사회의 형성 과정과 연동해서 살펴볼 것이다. 그리고 이런 맥락에서 오늘의 한국 개신교 주류 세력이 포스트-신권위주의 체제의 형성에 어떻게 연동되어 있는지를 이야기할 것이다.

공격적 반공주의와 '파괴적 증오'의 신앙

여기서는 한국에서 개신교 주류 세력의 반공주의를 세 단계로 나누어 살펴볼 것이다. 첫 번째는 반공주의 형성 단계로, 해방 직후부터 1960년까지의 시기이다. 한국 개신교 반공주의의 형성은 세 가지 요인의 결합으로 설명할 수 있다. 첫째는 '상상적 반공주의'다. 개신교 신자는 대부분 직접 체험보다는 소문이나 일본 식민지 당국의 캠페인에 동화되어 반공주의를 내면화하게 되었다.

이러한 상상적 반공주의가 나타나기 시작한 시기는 1920년대이다. 이 시기에 한반도와 만주·연해주 지역에서 한국인 사이에 유포되고 있던 여러 종교나 사상 가운데 유독 외래 사조인 개신교와 사회주의/공산주의 간의 갈등이 두드러졌다. 하지만 이런 갈등에도 개신교 신자는 대부분 그런 갈등의 직접 당사자가 아니었다. 개신교 '선교사'나 '엘리트 계층'인 학생과 일부 성직자가 그런 갈등의 주요 당사자였다. 하여 대개의 개신교 신자에게 사회주의/공산주의에 대한 감정은 자신의 체험이 아니라 다른 이의 체험을 자기 것처럼 생각하는 것, 곧 '추체험'된 것이었다.

게다가 1930년대 이후 사회주의/공산주의에 대한 식민지 당국의 강도 높은 탄압 정책이 본격화되자 사회주의자와 공산주의자는 대부분 지하로 숨어들었다. 하여 개신교 신자의 사회주의/공산주의에 대한 부정적 이미지는 간접 체험의 성격이 더 강했고, 그런 상황에서 이념의 대결이 격화된 해방 정국을 만났다.

둘째는 '체험된 반공주의'인데, 이는 북한 지역에서 1946년 3월 본격 시행된 토지개혁으로 개신교 신자가 겪은 폭력적 체험에 기반을 두고 있다. 서북 지역(평안도와 황해도) 개신교는 당시 북한 인구의 2퍼센트를 약간 상회하는 정도였지만,[1] 그들 중에는 국경을

---

1 1940년대에 서북 지역 개신교는 거의 미국의 근본주의에 영향을 받은 장로교도가 서북 지역 전체 개신교 신자의 86퍼센트에 이른다. 또 서북 지역 개신교 신자는 북한 지역 개신교 신자의 87퍼센트를 넘는다. 또 서북 지역 장로교 인구는 북한 전체 개신교 신자의 75퍼센트를 넘는다. 그러므로 서북 지역의 장로교가 북한 기독교 전체를 대변한다고 해도 전혀 과장된 해석이 아니다.

넘나드는 무역업에 종사하는 이들을 포함하여 기업가, 상인, 수공업자로 상당한 성공을 거둔 이가 많았고, 또 부농도 상대적으로 많았다. 교회의 교역자, 신학생, 장로 중 상당수가 바로 이 신흥 중상위 계층에서 나왔고, 그렇기 때문에 교회는 중상위 계층의 시각에서 해방된 조선의 미래를 꿈꾸는 세력에 의해 대표되고 있었다.

하지만 바로 그렇기 때문에 강경 공산주의 정권이 집권한 북한 지역에서 개신교 신자의 피해는 극심했다. 해방기와 한국전쟁기에 월남자 비율은 북한 인구의 11~15퍼센트 정도인데, 개신교 신자는 무려 35~40퍼센트가 월남했다. 그중에는 특히 교역자, 신학생, 장로를 포함하여 교회 지도층인 중상위 계층이 적지 않았고, 남성이 압도적으로 많았으며, 또한 대부분 청년이었다. 이렇게 월남한 개신교 신자, 특히 교회 지도자는 공산주의와의 체제 갈등의 피해자이고, 그렇기에 그들의 몸에는 반공주의가 각인되어 있었다.

셋째 요인은 반공주의가 남한 사회의 정세 속에서 '수행적'으로 형성되었다는 점이다. 앞서 언급했듯이 미군정 당국이 조사한 바에 따르면 남한 인구 전체의 77퍼센트가 좌익 성향이었다. 반면 강성 반공주의자인 맥아더 사령부 장교들로 구성된 미군정 당국은 남한을 아시아 최초의 기독교 반공주의 사회로 만들고 싶어 했다. 물론 이때 '반공주의'는 맥아더식 반공주의다. 그 당시 미국에서 거세게 불고 있던 반공 전선에서 맥아더는 강성 반공주의를 상징하는 존재였다. 몇 년 후 군에서 퇴임한 그는 미국에서 열렬한 매카시주의자였다.

미군정 당국은 강도 높게 반공주의 정책을 폈고, 당연히 미국 선교사와 접촉이 많았던 개신교 남녀 엘리트가 가장 중요한 동료였음은 의심의 여지가 없다. 무엇보다도 영어를 할 줄 아는, 친미 반공주의 성향의 한국인이었기 때문이다. 남자는 통역관이 되거나 기타 행정에 관여했고, 여자는 미군 장교들과 사교私交하는 교양 여성으로 해방 정국의 정치에 개입했다.[2]

한데 그중에서도 더 중요한 한국인 파트너는 서북 지역에서 월남한 장로교 엘리트와 신자였다. 이들은 선교 모교단인 미국 북장로회 인사 가운데 가장 근본주의적이고 배타적이며 강경 반공주의 성향의 선교사들의 영향권 아래 있었다. 하여 이들을 경유해서 미국 공회당 내의 강경 반공주의 그룹과 연결망을 갖고 있었다. 맥아더 역시 미국 공화당의 강경 반공주의 그룹과 깊은 연관이 된 자로 군에서 퇴임한 뒤 그 그룹에 의해 대통령 후보로 추천되기도 했다. 더구나 이들 서북계 장로교 엘리트와 신자는 '체험된 반공주의'의 강렬한 기억을 안고 월남한 이들이었다. 하여 이들은

2 모윤숙 등이 활약한 낙랑클럽은 영어를 할 줄 아는 미모와 교양을 갖춘, 특히 대다수가 개신교도인 젊은 여성 엘리트 모임이다. 미군정 인사와 유엔 고위 관료가 참여하는 각종 사교 파티에서 섹슈얼리티를 이용하여 그들과 절친한 관계를 맺어, 낙랑클럽의 배후 세력인 이승만과 극우 인사들에게 고급정보를 전달하기도 했고, 또 유엔과 군정 엘리트가 이승만 등을 지지하도록 영향을 미치기도 했다.

1940년대 중반 당시 한반도에서 가장 강경한 반공주의 성향을 띠고 있었다. 그러니 맥아더나 그의 장교들과 가장 닮은 한국의 사회적 세력은 개신교, 특히 서북계 월남자인 장로교 엘리트와 신자였다.

여기서 미군정 당국의 반공주의가 매우 공격적으로 실행되었다는 점을 주지해야 한다. 공산주의자나 사회주의자의 활동을 불법화하고, 그들을 실형에 처하는 데 잔혹한 고문과 날조가 횡행했으며, 백색테러까지 사주했다. 이때 많은 기독교 신자가 매우 적극적으로 당국의 반공주의 공세에 가담하고 있었음은 주지의 사실이다. 그들 중 다수가 서북계 월남자 장로교 출신이었다. 특히 월남자는 청년층이 압도적으로 많았으며, 그들이 만든 여러 청년단은 가장 활동적인 반공테러의 주역이었다.

이러한 강성 정국은 중도적인 사회주의자를 고갈시켰고, 강경 공산주의자들의 격한 저항을 야기했다. 하여 군정 기간 내내 남한 사회는 내란 상황에 빠져 있었다. 그리고 이런 상황은 맥아더와 그의 장교들보다 결코 덜하지 않은, 남한 내의 강경 반공주의 세력을 대표하는 이승만이 건국한 남한 단독정부가 세워진 이후에도 계속되었으며, 이 격한 증오의 정치는 한국전쟁기와 그 직후에 절정에 달했다.

요컨대 서북 출신의 월남자 장로교 신자들은 상상적 반공주의와 체험된 반공주의가 결합된 신앙관과 이념 성향을 갖고 있었던 덕에, 미군정 당국과 이승만 정권의 강경 반공 전선에 참여하는 주요 파트너로 선택될 수 있었다. 이러한 정세는 서북 출신의 월남자 장로교가 남한 개신교 사회의 전개를 주도하는 세력으로 부상하게 했고, 한국전쟁을 거치면서 남한의 개신교 전체는 전반적으로 '장로교화'했다. 즉, 모든 개신교 교파는 장로교적 반공주의와 신앙의 결합, 그리고 그런 신앙과 분리할 수 없이 결합된 장로교적 신앙 제도와 유사한 방식으로 변화하게 되었다.[3]

한데 상상적이든 체험적이든 증오를 마음에 품고 있다는 것 그 자체가 행동으로 직결되지는 않는다. 생각이 행동으로 이어지기 위해서는 다른 요소가 필요하다. 더욱이 그 행동이 강도 높은 폭력성, 심지어 살상까지 포함하는 것일 때는 다른 특별한 장치들이 수반되어야 한다. 바로 이 점에서 군정 당국 혹은 이승만 정권이 주도했거나 사주한 반공주의적 '실행 장치'가 중요하다. 이 실행 장치practical device는 폭력적 행동에 참여할 때 생길 수 있는 마음의 거리낌으로부터 무감각하게 하고, 오직 증오의 원초성에 충실하게 하며, 나아가 그것이 자기 개인뿐 아니라 사회 혹은 민족의 미래를 위해 반드시 필요하다는 자기 정당성을 부여해줌으로써 생각의 행동화를 가능하게 한다.

---

3 그런 점에서 해방기에서 한국전쟁기까지 남한 사회의 개신교는 '전반적인 장로교화' 경향을 띠었다고 할 수 있다. 물론 이때 장로교는 서북계 월남자 스타일의 장로교라고 할 수 있다.

말했듯이 월남자 기독교, 특히 장로교에는 남성과 청년이 압도적으로 많았다. 위험스러운 월경 행위 그리고 낯선 타지에서의 삶이라는 이주 행위는 성별적으로 남성에 더 어울리고 연령적으로 청년에 더 어울린다. 이것은 그들이 격한 폭력성이 수반된 행동으로 생각을 표현할 가능성이 더 높을 수 있다는 것을 함축한다. 이런 요소와 언급한 실행 장치가 서로 얽히면서 이들은 증오를 불처럼 내뿜는 가학적인 공격성의 화신이 되었다.

한데 이렇게 신앙이 격한 공격적 행동에 압도된다면, 그러한 담론적이고 실천적인 장fields에는 유별난 과잉 남성성hyper-masculinity이 판을 치게 된다. 사실 구한말과 식민지 시대 개신교 교회에서는 많은 여성 엘리트가 양성되었다. 그런 점에서 남성주의에 치우친 당시 유교에 비해 개신교는, 너무 과장해서는 안 되겠지만, 좀 더 성적인 평등주의가 강했다고 할 수 있다. 또 식민지 시대에 이미 교회의 연례행사로 정착했던 '문학의 밤' 같은 축제는 시를 낭송하고 연극을 하고 노래를 하는 일종의 국지적 종합예술제로서 여성에게 공적인 활동 무대를 제공해주는 탈성적de-sexual 실행 장치가 될 수 있었다. 한데 신앙이 이념 갈등의 소용돌이 한가운데로 이동하고, 교계 지도자들이 이념 갈등의 주역이 되며, 무수한 열혈 신자가 그러한 갈등의 행동대원이 되는 상황은 신앙의 과잉 남성적 마초화를 극적으로 강화하고 여성주의를 심각하게 위축시키게 된다. 그리고 이러한 과잉 남성적 신앙은 시간이 흐르면서 신앙 제도로서 정착한다. 즉, 외부의 상황이 어떻게 변하든 증오는 일종의 '마음의 제도'로서 자리 잡고, 과잉 남성성은 신앙의 본질적 요소처럼 받아들여지게 된다. 그런 점에서 해방기에서 1950년대까지의 개신교의 반공적 행동주의는 이념적이고 성적인 배타주의적 공격성을 품은 종교 제도이자 마음의 제도로서 정착하게 되었다.

치환된 반공주의와 '생산적 증오'의 신앙

개신교 주류 세력의 반공주의가 전개되는 두 번째 단계는 1960~1987년의 기간이다. 즉, 박정희 군사정권에서 전두환 정권에 이르는, 민주화 이전 시기까지를 말한다. 이 시기의 정권을 지칭하는 일반적인 용어는 '신권위주의 체제regime of neoauthoritarianism'이다. 앞서 보았듯이 발전주의적 권위주의 체제를 이르는 표현이다. 즉, 한국전쟁을 '반공'이라는 증오의 감정으로 기억하게 하고, 그 증오를 사회 발전이라는 동력으로 전화시키는 통치 형태의 제도화를 지칭하는 것이다. 하여 이 시기의 증오의 감정은, 지난 1950년대처럼 공산주의자를 향해 가혹한 보복을 가하는 이른바 '파괴적 증오'로 표출되는 것이 아니라, 사회개발을 위한 동력으로 전화되어 전례 없는 압축적 성장을 이룩했다는 점에서 '생산적 증오'라 부를 수 있다. 이때 '(반공주의적) 증오'라는 감정은 '발전 욕구'라는 감정으로 치환된다.

그런데 이렇게 전 국민이 증오의 감정을 바탕으로 하면서 사회 발전을 위해 매진하는 체제가 가능하려면, 누군가는 국민적 증오를 대행하는 주체가 필요하다. 우리가 대신 공산주의자를 척결하고 있으니 국민은 발전을 위해 총화 단결하라는 것이다. 그런 대행적 증오의 주체가 바로 국가다. 국가는 폭력을 독점하여 국민적 증오를 대행한 것이다. 이런 대행된 증오는 종종 국민에게 전시될 필요가 있다. 그래야 증오의 감정이 식지 않고 계속 이어질 수 있기 때문이다. 북한이 도발했다는 사건들, 그리고 북한이 직간접으로 사주했다는 간첩단 사건들이 바로 그런 전시물들이다. 그때마다 국민은 거리에서, 직장에서, 학교에서 구호를 외치며 나태해진 생각을 바로잡았다.

이 시기에 개신교 교회는 국가의 성장 속도를 능가하는 초고속의 성장을 구가했다. 그것은 대형 교회가 주도하는 성장이다. 이때 대형 교회들이 출현하기 시작했는데, 그 정도가 다른 사회에서 좀처럼 볼 수 없을 만큼 압도적으로 나타났다. 주일 대예배에 참석하는 성인 교인 2천 명 이상인 교회를 가리키는 대형 교회의 수는 현재 한국에서 880여 개 정도로 추산된다. 미국의 경우도 1960년대 이후 개신교 교회의 성장을 대형 교회가 주도했는데, 그 수는 현재 1,200~1,500개 정도로 단일 국가 중 세계에서 가장 많다. 하지만 비율로 치면 한국은 미국보다 대형 교회 중심 현상이 훨씬 두드러진다. 미국의 개신교 신자가 최소한 1억 5천 명 이상인 데 비해 한국 개신교 신자는 1/20 수준인 8백만 명 정도다. 또 교회 숫자 대비 대형 교회 비율도 미국은 0.005~0.007퍼센트 수준이지만 한국은 1.7퍼센트나 된다.

이렇게 대형 교회로 성장하는 첫 번째 요인은 카리스마적 책임 목회자의 존재다. 한국의 경우는 더욱 그러하다. 그이는 영적 능력이 특출한 존재로 교인들에게 인정받고 있으며, 그러한 인정을 기반으로 교회의 거의 모든 신앙 제도적 자원을 독점하는 자이다. 한데 이 카리스마적 지도력이 교체되지 않은 채 20년 이상, 심지어 40년 정도까지 지속되었다. 은퇴할 때까지 그들은 교회의 권력을 대부분 독점했고, 특히 한국적 현상으로 은퇴 이후에도 '원로목사'라는 직함으로 사실상의 독점적 지배력을 지속시킨 것이다.[4] 이렇게 장기간 지속된 카리스마적 권력이 교회의 모든 자원을 성장을 위해 총동원한 결과 대형 교회가 탄생하게 되었다. 이것이 대형 교회 출현의 가장 일반적인 시나리오다.[5]

한데 미국의 경우 대형 교회가 속속 출현하던 1960년대 이후의 시기에는 사회가 빠르게 세속화되고 있었고 권력의 탈중심화가 현저히 진행되고 있었다. 한국도 1960년대 이후 교회의 급격한 성

---

4 그리고 일부 교회는 아들이나 사위 등에게 교회를 세습하여 2대째 독점적 권력을 지속시키기도 했다. 교회세습반대운동연대에 의하면 현재 62개 교회가 세습을 단행했고, 22개 교회가 세습을 진행하고 있다.

장이 시작되었고, 1970~1980년대에는 대형 교회가 속속 출현했다. 그런데 알다시피 1960년대 이후 한국 사회는 압권적인 카리스마적 통치자에 의해 사회의 거의 모든 자원이 장악되어 있었고, 20년 가까이 독점한 권력으로 사회적 자원을 경제성장에 집중 동원한 결과 사회 발전이 이루어졌다. 그렇다면 미국과는 달리 한국에서 교회의 성장 양식과 사회의 발전 양식은 매우 유사하게 진행되었다고 할 수 있다. 즉, 당시 사회 전체가 신권위주의 체제에 의해 발전 국가로 통합되어 있었고, 대형 교회 중심의 성장 또한 신권위주의 체제적 성향을 띠고 있었다. 이것은 경제 영역에서도 유사하게 나타났다. 재벌의 탄생은 특정 기업집단의 자원을 독점한 이가 장기간 권력을 독점하여 성장에 집중 투여한 결과였다.

한데 한국에서 교회가 급격한 성장을 이룩하고 대형 교회가 속속 출현하던 시기는 교회 분열의 시대이기도 했다. 이것은 특히 장로교에 집중된 현상이다. 다른 교단과는 달리 장로교는 헤아릴 수 없이 무수한 분열을 거듭했다.[6] 이는 동시에 해방 이후 한국 개

---

5 재적 교인이 1만 명 이상 되는 교회임에도 이들 대형 교회의 의사 결정 과정은 놀라울 정도로 단순하다. 비슷한 제도를 가지고 있더라도 중소형 교회는 대부분 의사 결정 과정이 매우 복잡하고 지루하게 진행되는 경우가 많은 데 비해 대형 교회는 대개 책임 목회자의 의지 표명에 의해 단순·신속하게 결정되는 경우가 많다.
6 불과 몇 개 교회로 구성된 극소 교파까지 포함하면 장로교는 100~200개 정도의 교파가 난립한다. 반면 다른 교단은 외국에서 포교된 교단의 형태로 통합되어 있고, 분열되었다고 해도 2~3개 정도에 불과하다.

신교의 주도권을 장악한 장로교의 우월적 입지가 약화되고 다른 교단이 상대적으로 약진하는 상황과 맞물린다. 이것은 그때까지 한국 개신교의 주도권을 장악하고 있던 월남자 장로교 세력이 상대적으로 약화되었고 새로운 세력이 부상했다는 점과 연관된다. 여러 교단에서 대형 교회가 등장했고, 무엇보다도 오순절 운동 계통인 순복음교회의 등장은 새로운 세대가 한국 교회의 주도 세력이 되었음을 의미했다.

당시까지 개신교의 주류였던 월남자 기독교 지도자들은 대중이 겪고 있던 온갖 고통이 신의 심판의 결과라고 선포했고, 그것은 공산주의자 때문이라고 외쳐댔다. 하여 저들을 절멸시키지 않으면 신의 심판은 계속될 것임을 주장했다. 증오의 신앙이고 복수의 정치였다.

반면 순복음의 조용기 신화의 비결은 신의 심판이 아니라 '신의 축복'의 메시지에 있다. 가난하기에, 병들어 있기에, 노동 현장의 폭력성, 도시의 폭력성에 아무런 방어망 없이 적나라하게 노출되었기에, 신이 아니면 누구의 보호도 기대할 수 없기에 신의 축복이 너무나 절실한 이들, 그이들을 향하여 조용기는 신의 축복을 선포했다. 그는 빈곤에서 탈출하는 것 그리고 빈곤이 유발한 건강의 위기를 극복하는 것 자체가 바로 신이 내린 축복의 직접적인 결과물임을 강변했다. 그는 무속의 열광적 집회 양식을 창의적으로 수용하여 자신의 집회를 집단 엑스터시적 치유의 현장으로 연출해냈고, 이것은 대중으로 하여금 그의 메시지를 맹목적으로 신봉하게 했다. 그리고 이러한 충성심은 그의 대중이 자신들에게 난사되고 있던 근대화의 폭력에 자존성을 상실하고 스스로를 무너뜨리는 것이 아니라, 그런 고통을 감내하고 성공을 위해 자신의 모든 자원을 총동원하게 하는 열정을 이끌어냈다.

물론 조용기의 사역에도 증오가 전제되어 있다. 하지만 그는 그 증오를 공산주의자들을 파괴하는 것에 쏟아붓는 것이 아니라 자신의 질병에서 낫고자 하는 열망으로 전환하게 했고, 가난에서 탈출하려는 욕망으로 분출하게 했다. 이렇게 다른 것으로 치환된 증오는 생산을 위한 자양분이었다. 그런 점에서 조용기 현상은 '생산적 증오'의 효과라고 할 수 있다. 여기서 중요한 것은 이러한 조용기적 신앙은 앞에서 언급한 신권위주의 체제의 생산적 증오의 정책적 기조와 놀랍게도 유사하다는 점이다.

한편 장로교 교단을 포함한 여러 교단에서도 월남자 계열의 교권 장악력이 크게 이완되었다. 교권 세력의 세대교체가 이 시기에 활발히 일어났던 탓이다. 장로교의 경우 교권을 장악하고 있던 서북계 월남자 엘리트들은 선교 모국인 미국 (북)장로회의 극우 반공주의자들을 통해 미국 정계, 특히 공화당의 극우 반공주의자들과 긴밀한 네트워크를 가짐으로 해서 한국의 역대 정권들로부터 특혜를 이끌어냈다. 특히 집권의 정당성이 취약한 박정희 정권에게 서북계 장로교 엘리트들의 지지는 절대적으로 필요했다. 빌리 그레이엄[7]의 부흥회가 한국 개신교 양적 성장의 결정적 요인 중 하나인데, 그것은 대미 외교를 후원해준 것에 대해 박정희 정부가 서북계 개신교 엘리트들에게 준 선물이었다. 그런 점에서 월남자 개신교 엘리트들의 위세는 쉽게 약화될 만한 것은 아니었다.

하지만 해방기와 한국전쟁기를 거치면서 형성된 월남자 엘리트들의 과도한 이념 지향성은 여전히 지나치게 증오의 정치에 집착하고 있었기에, 증오를 성장의 동력으로 전환시키는 발 빠른 행보에 다소 뒤처져 있었고, 이는 이 시기에 누린 교회의 성장 기회를 활용하는 데 부정적 요인이 되었다. 하여 장로교를 포함한 여러 개신교 교단에서 한편으로는 조용기 신화를 격하하면서도 다른 한편으로는 조용기를 따라서 신앙 속의 반공주의를 성장의 열정으로 치환하는 축복의 신앙을 강조하기에 이른다.

여기서 중요한 것은 세대교체 혹은 중심축의 이동이다. 그것은

---

7 빌리 그레이엄은 교리 형식에 빠져 진취성을 상실한 미국의 전통적 근본주의와는 달리 형식에 구애되지 않는 실용적인 대중주의적 부흥 운동을 주도하여 1950년대 미국 교회의 성장을 이끌었던 인물이고, 그를 전조로 하여 1960년대 미국 교회의 대성장기가 가능했다. 바로 이런 대성장의 이념적·신앙적 극우주의의 발전 과정에서 미국과 전 세계를 피로 물들게 했던 부시의 기독교가 유래했다. 한데 주목할 것은 빌리 그레이엄의 메시지와 활동이 1950년대 당시 미국에서 증오의 대중주의를 이용하여 복수의 정치를 폈던 매카시즘과 서로 연동되고 또한 서로를 강화하는 역할을 했다는 점이다. 그런 점에서 1970년대 빌리 그레이엄의 방한을 추진하여 교회 성장의 계기로 삼았던 한국 개신교 지도자들이나 그것을 허용한 한국 정부는 미국의 극우 반공주의적 세력과 친화적인 국제적 네트워크를 형성하고 있었다는 것을 보여준다. 즉, 한국 교회와 한국 사회의 동반 성장의 배후에는 극우 반공주의적 기조가 전제되었다.

월남자 계열의 과격한 반공주의 신앙이 어떻게 그렇게 신속하게 탈정치화 기조의 성장지상주의적 신앙으로 대체되었는지를 보여 주는 교회 내적 요인이다. 매주 설교단에서 불을 뿜듯 내뿜는 월남자 출신 설교자들의 반공주의적 증오의 목소리는 조용기류의 부흥사적 축복의 메시지로 전환된 것이다. 성공한 많은 교회에서는 더는 반공 같은 이데올로기적 증오를 소리 높여 부르짖기보다는 성공에 대한 욕망을 부추겼다. 물론 여전히 반공은 신앙의 기조에 깔려 있었음에도 그 증오가 일으키는 분노의 에너지를 성공을 추구하는 열정의 에너지로 치환하는 방식으로 작동했다.

한편 흥미롭게도 이러한 변화는 교회의 담론과 실행에서 유의미한 변화와 연결되었다. 한편으로는 오늘날 심각한 문제로 드러나고 있는 한국 교회 폐해의 진원인 성장지상주의를 일상화·제도화하는 계기가 되었는데, 이것은 교회의 시스템에서 신자의 일상까지 성장지상주의가 스며듦으로써, 교회를 천박한 자본주의 친화적 양식으로 전면화했다는 비판에서 자유로울 수 없다.

하지만 다른 측면도 이야기할 수 있는데, 앞서 말했듯이 성장지상주의 전략은 집회를 주도하는 카리스마적 남성 지도자의 역할에 크게 의존하지만, 동시에 그것을 뒷받침하는 여러 부대 요소를 필요로 한다. 가령 기도와 찬송, 율동 등이 그런 변화의 한 특징을 이룬다. 반공 구호 비슷한 기도와 군가 비슷한 찬송을 통해 분노의 감정을 불타오르게 하는 집회 형식보다는, 내면에 쌓여 있던 한을 표면으로 불러 올리도록 북돋는 기도와 찬송과 율동이 카리스마적 목회자의 축복 행위(병 치료나 구마 의식 등)가 실연되는 하이라이트의 순간을 향해 사람들이 몰입하도록 이끈다. 한데 이런 역할을 수행하는 이들은 남성보다는 여성이 훨씬 많다. 실제로 울부짖듯 신을 향해 소리 지르는 방언 기도가 기존의 언어 질서에서 상대적으로 더 소외된 여성의 종교적 표현 양식으로 더 잘 나타난다는 점에서 종교현상학적으로 여성 젠더적 함의를 지닌다는 연구가 있다. 또한 음성학적으로 남자가 부르짖는 하소연보다 여자의 소리가 청자에게 더 열망의 공감을 불러일으키는 데 적합하다는 점도 고려할 필요가 있다.

또 집회 외적으로도 성장지상주의를 위한 여성의 자리가 더 중요해졌다. 가령 교인 관리에서 심방의 역할이 극도로 중요해졌는데, 심방은 단순한 방문만이 아니라 수다 떨기와 위로와 축복의 감성적 간증 등을 수반하는 교인 관리행위다. 이것이 대개 중년과 노년의 여성 목회자에게 더 적합한 역할임은 의심의 여지가 없다. 한편 교회와 신자의 가정에서 울려 퍼지는 성공의 메시지에도 실패자는 지속적으로 발생하게 되는데, 그런 이들을 위해 성공을 향해 달리는 삶의 전쟁터의 후방 지대로서 기도원이 요청되었다. 그곳은 일종의 후방에 위치한 야전병원 같은 곳인데, 그곳에서 많은 여성 치유사와 구마사가 활약했다. 마치 야전병원의 간호사들이 여성인 것처럼, 기도원은 여성 치유사를 더 필요로 했기 때문이다.

또한 기도원은 교회 제도 외부에 있기 때문에 여성 엘리트가 지도자로 활동할 수 있는 가장 적합한 장이기도 했다. 그리고 종종 기도원에서 활약하던 여성 구마사가 교회로 진입하는 과정에서 교회의 헤게모니 세력인 목사나 장로와 권력 쟁투를 벌였다.[8]

한편 교회가 반공의 기지 역할에서 하나의 종교적 감성의 공간으로 자리 잡아갈수록 연주, 성가, 디스플레이, 음식 등의 요소가 점점 더 중요해지는데, 이것은 여성이 해당 영역에서 전문성을 훈련하는 장의 역할을 했다. 또 교회학교는 학교교육의 외부에서 글쓰기, 노래하기, 연기하기, 지도력 수행하기 등을 개발하는 탈성적 과외학습의 장이 되기도 했다.

이 모든 것이 주 1회 이상 벌어진다는 점을 미루어볼 때, 활동의 수행적 효과는 결코 간과할 수 없다. 특히 교회 활동을 통해 지난 1940~1950년대의 신앙적 마초성과는 다른 체험과 역량을 갖춘 세대, 특히 진취적 활동가가 된 여성들이 교회에서 탄생했다. 이 것은 이 시기에 개신교 내에서 유의미한 평화운동과 민주화 운동이 발원할 수 있었고 또 많은 유능한 여성 엘리트가 성장할 수 있었던 하나의 유의미한 배경이다.

---

8 교회가 이러한 갈등을 성찰적으로 해소할 수 있었다면 교회는 지금보다 훨씬 평등한 성별 구조를 갖게 되었을 것이다.

상처받은 종교, 공격적 반공주의의 부활

1990년 어간은 한국 사회에서 중요한 변곡점이다. 그 무렵 민주주의가 비로소 본격적으로 제도화되기 시작했고, 소비사회로의 빠른 전환이 시작되었다. 한데 민주화와 소비사회화, 이 두 요소는 개신교에도 중요한 변화의 원인이 된다. 신권위주의적 체제와 너무나 닮은 개신교의 제도와 담론은 민주화 이후 청산의 대상으로 지목되었고, 타인의 취향과 신념에 대해 배타적인 일방주의는 소비사회적 주체가 된 자존성 강한 시민들에게 지체된 공간으로 여겨졌다. 하여 이 시기 개신교가 체험한 가장 결정적인 변화는 급작스러운 성장의 둔화, 그리고 감소로 나타났다. 한데 이러한 중요한 변화와 맞물려 개신교의 공격적 반공주의가 부활한다. 하여 1990년 이후부터 현재까지에 이르는 기간을 우리는 개신교 반공주의의 세 번째 단계로 살필 것이다.

여기서 무엇보다도 주목할 사건은 한국기독교총연합회(이하 '한기총')의 등장이다. 한기총이 창립된 직접적인 계기는 한국기독교교회협의회NCCK가 1988년 2월 29일에 발표한 문건인 「민족의 통일과 평화에 대한 한국기독교회 선언」이다. 이것은 1980년대 이후 세계교회협의회WCC와 연관된 개신교의 국제적 네트워크를 통해 전개된, 한반도의 통일을 지향하는 신학적·외교적 성과물을 결산하고 향후 통일신학 운동의 전망을 제시하는 종합적인 보고서의 성격을 지니는 문건이라는 점에서 한국뿐 아니라 세계 신학계가 주목한 것이었다.

한데 NCCK 내의 진보적 연구자와 활동가가 주도한 이 선언은 NCCK 가맹 교단 중 가장 큰 세력을 형성하고 있는 대한예수교장로회 통합측(이하 '예장 통합') 교단 총회에서 채택이 보류된다. 이 점과 관련하여 살펴볼 때, '예장 통합'은 교단의 역사 자체가 흥미롭다.

1940~1950년대에 서북 지역 출신 월남자 중심의 장로교 세력은 남한 장로교(대한예수교장로회)의 교권을 장악했고,[9] 나아가 한국 개신교의 흐름을 주도했다. 이때 이들의 신앙 기조는 초강경의 공격적 반공주의와 연계된 근본주의적 신앙이었다. 바로 이 점이 이들로 하여금 장로교의 주도권을 장악하고 개신교의 흐름을 주도하게 했던 결정적 이유였다. 미군정 당국과 미국 내 북장로회 출신의 강경 극우 정치 세력을 등에 업을 수 있었던 것이다.

한데 1950년대 말 WCC 가입 문제로 대한예수교장로회 교단이 분열된다. WCC 가입을 지지하는 파는 '예장 통합'으로, 반대하는 이들은 '예장 합동'으로 분립하여 결속한 것이다. '예장 통합'은 평안도 출신이 주축이었고, '예장 합동'은 황해도 출신이 주축

---

9 이 과정에서 장로교의 일부가 갈라져 나와 대한예수교장로회 고신파와 한국기독교장로회라는 독자 교단을 세웠다.

이었다. 흥미롭게도 예장 통합의 중심 세력인 평안도 출신 월남자 장로교 엘리트들은 황해도 출신자들과 더불어 가장 공격적인 반공주의자들이었지만, 보수반공주의자들에 의해 용공 혐의를 받고 있던 WCC의 회원 교단이 되기로 했다. 그것은 말할 것도 없이 선교 모교단인 미국 북장로회가 WCC에 가입했기 때문이다. 이것은 반공주의보다 미국 모교단과의 연계가 더 중요한 요소였다는 것을 의미한다. 실제로 예장 합동이 교단 분립 시에 교단 소유 재산의 거의 모든 것을 상실했다는 점은 미국 모교단과의 연계가 왜 중요한 요소였는지를 단적으로 말해준다.

하지만 여전히 예장 통합의 교회 엘리트는 대부분 강경 반공주의자다. 다만 1960년대 이후 신권위주의 체제에서 반공주의적 증오는 성장주의로 치환되었기에 그 공격적 활동성이 수면 밑으로 잠복되었다.

그런데 1988년의 NCCK의 문건이 나온 뒤에 개신교의 반공주의가 표면 위로 다시 올라오기 시작했다. 예장 통합에 속한 노령의 월남자 출신 엘리트들이 주도하여 여러 교단을 아우르는, 심지어 분립한 이후 서로 앙숙이었던 예장 합동의 원로 지도자들까지 포함된 교계 지도자들이 모였다. 하여 이듬해인 1989년 12월 한기총이 창립되었다. 창립 당시 가맹 교단의 수가 무려 36개였으니,[10] WCC를 지지한 교단 수가 불과 6개인 것과 비교하면 압도적인 세력을 과시할 만한 것이었다.

한기총은 창립 이후 1997년까지 다섯 명의 단체장이 모두 이북 출신이었다. 그리고 이후에는 남한 출신 지도자들도 한기총 회장으로 선출되기는 했다. 이러한 변화는 월남자 출신 엘리트들이 고령이라는 점에서 당연한 것이기도 하지만, 한기총이 가맹 교단과 교회의 지분의 크기에 비례하는 의결권을 갖는 조직이라는 점을 고려하면 1997년 이후에는 한기총이 대변하는 반공주의적 기조가 개신교 전체로 확산되었음을 뜻한다고도 할 수 있다.

창립 이후 한기총은 NCCK식의 통일 논의를 강력하게 비판했고, 그런 논의가 신학교에서 유포될 수 없도록 갖은 압력을 가했다. 또 장로 대통령인 김영삼이 당선된 이후 북한 선교론[11]을 주도하면서 더욱 강력하게 세력화되었다. NCCK의 통일신학을 주도했던 신학자들인 박순경, 홍근수 등은 이 시기에 구속된 반면, 한기총식의 북한 선교론은 정부로부터 물심양면으로 지원받았다.

또 한 명의 장로 대통령인 이명박이 집권하는 2008년 전후의 시기에 개신교 지도자들을 사로잡은 의제는 '성시화' 운동이었다. 도시와 국가의 단체장을 선출하기 위해 개신교가 정치 세력화함으로써 그 영토를 기독교화하겠다는 것이다. 여기서 주지할 것은 이 슬로건 뒤에도 반공주의가 깊게 깔려 있다는 점이다. 1997년

---

10 2014년 10월 현재 72개 교단이 한기총에 가입해 있다.
11 한기총의 북한 선교론은 북한 체제의 붕괴와 북한의 개신교화를 목표로 하는 정복주의적 선교론을 말한다.

이후 두 번 민주 정부가 집권한 이후 교회와 교회가 운영하는 각종 기관에 대한 사회적 감사의 요구가 빗발치는 것에 대해 교회는 이러한 시민사회의 요구는 마치 1940년대 중반 북한에서 토지개혁으로 교회와 교인의 재산을 침탈한 것과 유사한 공산주의적 기획으로 해석했던 것이다. 그들은 이런 기획의 배후에는 좌편향된 민주 정부들이 있다고 보았기 때문에, 국가와 지자체의 장으로 장로 대통령이 되어야 한다고 생각했고, 그것을 위해 개신교가 총궐기해야 한다고 주장했던 것이다. 이렇게 한기총은 한동안 잠복되어 있던 반공주의를 다시 호출하여 '적'을 파괴하는 공격적 행동의 신앙적·감정적 요소로 활용했다.

그런데 한 가지 의문을 풀어야 한다. 1960~1990년 사이 개신교의 엄청난 성장이 가능했던 것은 그 이전의 공산주의에 대한 파괴적 증오를 성장의 동력으로 전환하는 생산적 증오로 치환할 수 있었기 때문이라고 앞에서 보았다. 또한 이러한 치환이 용이했던 것은 파괴적 증오의 주역이던 교계의 월남자 출신 엘리트들을 대체하는 생산적 증오의 창안자들이 등장했기 때문이라고 보았다. 양자는 반공주의적이라는 점에서는 차이가 없지만, 증오라는 감정을 신앙적으로 활용하는 양식에서 커다란 차별성을 지닌다. 그런데 1989년 월남자 출신 교계 원로가 주축이 되어 결성된 한기총이 어떻게 다시 새로운 세대들에 의해 변형된 신앙 양식을 다시 파괴적 증오의 양식으로 회귀시킬 수 있었는가 하는 것이다.

그것은 1990년을 전후로 하는 시기에 한국 사회를 크게 변화하게 했던 일련의 중대한 변화가 개신교 교회에서도 거대한 전환점이 되었기 때문이다. 중대한 변화란 민주화와 소비사회화, 이 두 요소로 하여 일어난 사회적 대격변을 말한다. 민주화는 전통문화와 종교, 그리고 다른 이념과 해석에 대해 배타적인 근본주의적 개신교를 시대착오적인 낡은 종교로 전락시켜버렸다. 또 소비사회화는 근본주의적 개신교를 새로운 취향들에 대해 융통성이 없는 매력 없고 지루한 종교로 전락시켜버렸다. 게다가 지나친 친미성과 보수성, 과도한 권위주의가 강하게 잔존함으로써 불미스러운 사고가 돌출하는 주요 진원지의 하나로 간주되었다.

이런 이유로 개신교의 가파른 성장세는 1990년 어간 이후 급격하게 둔화되었고, 1990년대 말 혹은 2000년대 이후 교세가 감소세에 들어서게 되었다. 각종 제도와 인식은 온통 성장주의적으로 세팅되었는데, 성장은 멈추거나 감소세인 상황, 이것은 개신교의 수많은 병리 현상으로 표출되었고, 자체 개혁의 잠재력을 빠르게 상쇄하는 요인이 되고 있다.

개신교 교회와 신자의 자신감은 크게 상실되고 자괴감이 증폭되었다. 한데 이러한 위기 상황에서 한기총의 공격적 반공주의는 기묘한 반향을 불러일으켰다. 이 신앙적·감정적 장치는 위기의 근원을 개신교 신자들의 정체성 내부에서 외부로 전환시킨다. 문제는, 근본주의적 개신교 신앙이라는 낡고 매력 없는 종교를 내면화한 '우리'의 정체성에 있는 것이 아니라, 우리의 신앙을 위협하고 세계를 타락시키는 '우리 외부의 적'에 있다는 것이다. 북한 공산주의자들과 그들을 추종하는 종북주의자들이 한반도에서 바로 그런 '적'의 실체다. 하여 이 '적'을 색출하여 세상에서 뿌리 뽑기 위한 사역이 필요하다는 것이다.

이러한 한기총식의 메시지는 상실감에 빠진 개신교 신자에게 목표 의식과 생기를 불어넣어주었다. 그 목표 의식과 생기는 분노하는 감정이며 그것을 퍼부을 대상을 향한 행동이다. 한기총의 반공주의는 좌절에 빠진 개신교 신자들을 그렇게 행동화했다.

이런 한기총 효과는 개신교 주류 세력의 정치 세력화를 향한 행동을 낳았고, 신학교 등 개신교 주류 세력의 힘의 논리가 가장 잘 작동하는 장fields에서 자행되는 무수한 폭력을 낳았다. 그리고 미시 영역에서 무수한 공격적 반공주의를 실행하는 행위자 기구들을 낳았다. 여러 극우 기독교 베이스의 인터넷 미디어, 그리고 온·오프라인의 극우 네트워크 조직이 탄생한 것이다. 이들 미시동원 행위자들micro-mobilization actors은 끊임없이 적을 색출하기 위한 감시의 시선을 번뜩이고 색출된 적에게 가차 없는 테러를 자행하고 있다. 이때 색출된 적들은 이민자, 성 소수자, 타 종교인, 그리고 사회주의 성향의 사람과 조직 등이다. 그리고 그들의 공통분모는 공산주의다. 아무런 상관이 없는 요소들을 공산주의로 묶어내는 데는 논리가 필요 없다. 그것은 일종의 불링bulling 현상, 즉 집단

따돌림 현상이기 때문이다. 일단 만만한 표적이 발견되면, 그이들에 대한 불링의 이유는 누군가 아무렇게나 갖다 붙여도 다수가 달려들어서 그 이유를 가지고 난폭하게 공격을 가하는 것이다.

이들 가해자들은 대개 상처 입은 소외자들이다. 교회와 교인이 집단적인 가해 행위에 돌입하는 것은 교회와 신앙이 사회로부터 외면당하고 비난받는, 상처 입은 소수자 상황에 놓여 있다는 사실과 관련이 있다. 즉, 희생자 의식이 반대 급부적인 공격성으로 표출되는데, 그 공격의 대상이 자신을 공격했던 이들이 아니라 자신이 공격'할 수 있는' 만만한 이들에서 선정된다.

하지만 좀 더 이야기해야 한다. 테러 행위는 누군가를 공격하고 싶다는 '생각'과 바로 직결되지는 않는다. 한기총의 반공주의는 생각을 강화하기는 하지만 그것을 행동화하는 데 영향을 미치기에는 너무 포괄적이고 추상적이다. 이때 한기총 효과로 탄생한 무수한 미시 동원 기구가 생각을 행동화하는 주요 매개자의 역할을 한다. 가령 불교 사찰에 난입해서 벌이는 이른바 '땅 밟기' 행위는 그런 행위자 집단을 모집하고 교육하며 사전·사후의 행위를 둘러싼 간증 활동을 통해 행동을 독려하고 조직하는 기구를 매개로 하여 실행에 옮겨지는 것이다.

한데 온·오프라인에서 벌어지는 공격 행위는 대부분 완력과 기동력을 필요로 하거나 난폭한 폭언을 필요로 한다. 이때 폭언의 경우는 흔히 성적 비하의 요소와 결합된다. 해서 이런 공격적 행위가 개신교 신앙의 주요한 요소로 부상할수록 마초적 과잉 남성성은 강화된다. 그리고 이 과정에서 실제로 여성과 성 평등을 지지하는 남성, 그리고 성 소수자의 역할이 부수적이 되고, 또 적지 않은 이가 이탈하게 된다. 그것은 젠더적 폭력성을 개선할 여지를 스스로 상쇄하는 방향으로의 악순환을 낳는다.

물론 한국 개신교의 추세는 한기총식의 반공주의로만 점철되어 있지는 않다. 그러나 한기총 효과는 상처 입은 개신교 교회와 신자에게 공격성을 강화하는 결과를 초래하고 있다. 이들 '상처 입은 신자'는 대개 사회로부터도 상처 입은 이인 경우가 많다. 한데 오늘의 여러 교회, 특히 한기총식의 파괴적 증오의 정치와 신앙을 추종하는 교회는 이들 상처 입은 이들을 치유하는 데 별로 성공하지 못하고 있다. 이들에게 이런 교회가 줄 수 있는 묘약이란 만만한 타자를 증오하게 하는 것뿐이다.

개신교 극우주의의 청산이 필요한 이유

민주화에 대한 열망이 더는 사회를 형성하는 동력이 되지 못하게 된 시대, 그러니까 국민의 정부와 참여 정부 이후 한국 사회는 포스트 민주화를 향한 다양한 모색을 시도하고 있다. 1997년 이후 한국 사회를 강타한 신자유주의적 지구화라는 초대형 태풍은 생존을 위한 무한 경쟁이 유일무이한 시대의 강령으로 자리 잡게 했고, 그 결과 토건 세력이 중심이 되어 구축된 MB 정부가 포스트 민주화를 향한 도정의 첫 테이프를 끊게 되었다. 하지만 집권 초기 MB 정부의 미래 청사진에는, 토건주의적 투기 자본주의와는 다른, '선진화'라는 낯선 구호가 새겨져 있었다.[12]

이것은 정치적·이데올로기적 구호에 불과했지만 그 배후에는 거기에 걸맞은 일상의 문화가 자리 잡고 있다는 점을 주지해야 한다. 나는 그것을 '웰빙 문화'라고 부르고자 한다. '웰빙'이라는 삶의 가치는 생계를 위한 비용과는 다른, 더 나은 삶의 질을 위해 지불되는 초과 비용을 통해 존재한다. 특히 국민의 웰빙을 위한 국가적 서비스가 거의 없는 우리 현실에서 웰빙은 중상위 계층적 가치에 국한한다고 해도 거의 틀리지 않다. 그런 점에서 웰빙 문화는 특히 강남의 중상위 계층적 삶의 인프라에서 더 잘 발달되어 있다.

한데 이러한 웰빙 문화가 교류되는 장소는 어디일까? 나는 그 대표적 장소의 하나로 몇몇 대형 교회를 제시했다. 그러한 웰빙형 대형 교회를 가리키는 이념형적 용어가 '후발대형 교회'다. 특히 이런 교회 모델은 웰빙 문화를 우파적으로 실험하는 장이라고 할 수 있다. 그런 점에서 웰빙 우파와 후발대형 교회는 한국 대형 교

---

12 알다시피 이 낯선 구호가 담고 있는 미래적 비전은 MB 정부 자신에 의해 기각되었다.

회의 변화를 읽는 하나의 코드다. 또한 이러한 웰빙 우파적 가치와 실천 양식은 포스트 민주화를 우파적 지향의 사회체제로 견인해갈 사회 문화적 토대가 될 수 있다. 그런 점에서 웰빙 우파와 그 실천의 장소로서의 후발대형 교회는 사회적 공공성을 추구하는 우리에게 가장 우려스러운 포스트 민주화의 양식일 수 있다.

반면 내가 이 글에서 말한 한기총으로 대변되는 극우 반공주의적 대형 교회 모델은 지난 성장지상주의적 가치가 여전히 지배적 논리로 작동하고 있다는 점에서 '선발대형 교회'라고 할 수 있다. 앞에서 보았던 것처럼 성장이 멈춘 시기에 성장지상주의는 성장주의적 담론과 제도를 개혁하지 못하게 가로막는 반동의 장치에 불과하다. 그리고 이 반개혁적 장치를 지탱하는 정서적 논리가 반공주의이며 배타주의다. 하여 공산주의자는 물론이고 비서구 출신 이민자, 타 종교인, 성 소수자 등에 대한 원초적 증오와 공격의 감정을 통해 개혁 없이 낡은 모델을 지속하고 있는 것이다.

그런 점에서 선발대형 교회 모델은 시대착오적이다. 하지만 포스트–신권위주의 체제가 포스트 민주화를 구체화하는 주된 제도 양식으로 폭력적으로 다가오고 있는 오늘의 상황에서 그러한 권위주의 체제와 닮은꼴인 한기총류의 반공주의적 대형 교회는 우리의 주목을 끌기에 충분하다. 실제로 한기총류의 대형 교회는 우리 사회 도처에서 증오의 정치와 증오의 신앙을 퍼뜨리고 있는 장본인이다.

나는 이 정부가 그러한 포스트-신권위주의 체제를 안착시키는데 성공하지 못할 것이라고 보았다. 하지만 이 정부와 선발대형교회는 결국 몰락하게 될지라도, 그때까지 막대한 피해와 상처를 남길 것이 예상된다. 그 고통의 메커니즘은 오랜 기간, 이 무책임한 정치와 신앙의 실험이 모두 끝나버리고도 한참이 지난 시기까지, 구천을 떠돌며 세상을, 사람들을 괴롭힐 것이기 때문이다.

4장 · 현대 일본의 극우주의와 생—정치

남상욱

예술 영역에 있어서든 단순한 자연 현상에 있어서든, 미는 근본적으로 베일과 그 베일에 가려진 것이 미 안에서 하나를 이뤄 벌거벗음과 가림 사이의 이원성이 존재하지 않는 지점에서만 가치를 지닐 수 있다. 반대로, 이러한 이원성이 점점 더 확연히 표명되어 마침내 인간 안에서 가장 강력한 힘을 발휘하기에 이를 때 보다 명확해지는 것은, 베일 없는 벌거벗음 속에서 이 같은 본질적 미는 자리를 양보하고 대신 일체의 미를 넘어서서 존재하는 것인 숭고와 모든 종류의 생산을 넘어서는 작품인 창조자의 작품이 인간의 나신을 통해 이뤄진다는 사실이다.

— 발터 벤야민, 『괴테의 친화력』 중에서

'우리는 이미 발가벗고 있다'

오늘날 동아시아는 새로운 정치집단의 출현으로 소란스럽다. 한국과 일본에서 각각 여전히 냉전 체제의 가치관을 가진 보수 정치인이 집권하게 된 때와 비슷한 시기에, 일베와 서북청년단, 2채널과 재특회라는 소규모 집단이 출현했다. 이들은 각각 다른 형상을 가지고 있음에도, 20세기 지식인과 시민운동가가 각고의 노력 끝에 저변을 넓혀왔던 민주주의와 인권 등의 보편주의를 전면적으로 거부한다는 점에서, 통상 '우파' 혹은 '극우'로 불린다. 그렇다면 오늘날 이들의 출현은 무엇을 의미할까.

사실 일본에서 '만세일손의 천황을 중심으로 하는 황국'을 정치적 이념으로 삼는 극우는 태평양전쟁 이후에도 늘 존재했다. 오늘도 도쿄 시내의 어느 역 앞에는 검은색 트럭 위에 올라 욱일승천기가 새겨진 머리띠를 묶고 마이크를 들고 '일본의 타락'을 개탄하며 '천황 폐하의 뜻'과 '아름다운 일본'의 부활을 소리 높여 외치는 사람이 있을 것이다. 하지만 미시마 유키오가 죽을 때 그러했듯이 일본인은 대부분 큰 소리에도 아랑곳하지 않고 종종걸음으로 그 앞을 무심히 스쳐 지나갈 것이다. 이러한 풍경은 역 앞 광장에서 홀로 핸드 스피커를 들고 날카롭게 자민당을 비판하는 일본 공산당원이 출현하더라도 변하지 않는다. 전후 70여 년, 우파와 좌파의 주장은 이미 메시지가 아니라, 폭주족이 내는 굉음과 똑같은 생활 소음 그 이상도 그 이하도 아니게 되었다. 그런 의미에서 본다면 "조선인을 죽여라! 조선인 매춘부를 내쫓아라!"라고 외치는 재특회의 출현은, 어떤 정치적 주장을 소음이 아니라 '말'로, 아니 적어도 약자와 공동체에 대한 위협이라는 메시지로 변화시켰다는 점에서 일단 평가할 수 있을지도 모르겠다. 그렇다면 그들의

'말'에 대해 기존의 극우는 어떤 반응을 보일까.

아이러니하게도 이에 대한 기존 일본 우익의 반응은 싸늘하다. 야스다 고이치가 취재한 바에 따르면, 기존 우익은 그들과 자신 사이에 선을 긋는다.[1] '일본의 아름다운 산하를 지키고 싶다는 바람, 천황 밑에서 온 국민이 하나가 되어 다 함께 사회를 만들어간다는 국민국가의 꿈, 인간의 한계를 자각하고 천지와 함께 이 세상의 영원을 바라는 천양무궁 사상'에 끌려 우익단체에 가입한 자들의 눈에는 어디까지나 '일반 시민'의 자격으로 헤이트 스피치를 하는 재특회나 배해사排害社 같은 신종 정치조직은 '우익'이 아니다. 그들에게 '사상'이라는 것이 있다면 저렇게 할 수 없을 것이기 때문이다. 무엇보다도 그런 행위는 '자애로운 천황 폐하의 뜻'에 반할 뿐만 아니라, 모욕 행위이기도 하므로.

이러한 기존 우파의 반응에 대해 재일 조선인, 재일 중국인을 향해 노골적인 헤이트 스피치를 일삼는 '배해사'를 조직한 가네모토 다카유키는 자신의 블로그를 통해 다음과 같이 반격했다.

아직도 "민족 차별과 배해주의는 천황 폐하의 뜻에 반한다"라고 잘난 척하며 떠들어대는 사람들이 있다. 자기 나라가 벌거숭이나 다름없는 상황인데 한가로운 이야기다. 죽을 때까지

---

1 야스다 고이치, 『거리로 나온 넷우익』, 김현욱 옮김, 휴머니스트, 2013, 250쪽.

벌거숭이 임금님의 패션쇼나 하고 있으면 될 일이다.[2]

'자기 나라가 벌거숭이나 다름없는 상황'이라는 인식은, 기존 정치사상적 관점에서 보는 우파와 그들이 현저히 다르다는 점을 단적으로 보여준다. 즉, 기존의 우파가 서구적 스타일의 옷을 전면으로 거부하고 전통적 스타일의 옷을 고수하고자 했다면, 그는 자신의 옷을 다 벗어버린 채 벌거숭이로 거리에 나선다. 전자에게 정치적 행위는 어떤 옷을 입을 것인가 하는 문제였다면, 후자에게 그것은 어떻게 옷을 벗길 것인가 하는 문제와 다름없다. 옷을 사상이라 할 수 있다면, 가네모토가 궁극적으로 희망하는 것은 사상을 벗기려 하는 것인지도 모른다. 이러한 그들의 출현에 기존 우익마저 일종의 위협을 느끼게 된 것은, 거기에 우익이라는 정치성을 발생시키는 근원으로서의 사상이라는 토대 그 자체에 대한 냉소가 엿보였기 때문이었을 것이다.

하지만 슬라보예 지젝이 지적한 바 있듯이 일본이, 그리고 천황이 이미 벌거숭이라고 말하는 식의 냉소주의는 이데올로기적인 환상에 지나지 않는다. '아무리 천황이, 그리고 모든 일본인이 벌거숭이라고 냉소한다 해도, 누구나 — 그렇게 말하는 그들을 포함해 — 여전히 옷을 입고 있기 때문이다. '왕은 오직 자신의 옷 속에

2 야스다 고이치, 같은 책, 166쪽.

서만 벌거벗고 있다'는 지젝의 말은, '벌거숭이'라는 이미지도 일종의 자아가 만들어낸 이데올로기적 환상에 지나지 않음을 강조하기 위해서였다.[3] 그렇다면 문제는 그들에게 '사상이 없다'고 단언하는 것이 아니라, 도대체 무엇이 그들로 하여금 스스로 옷을 벗은 벌거숭이라고 생각하게 만들고, 다른 사람들의 옷을 벗겨 알몸과 민낯으로 만드는가 하는 것이 될 것이다.

조르조 아감벤은 옷을 입은 인간을 '벌거숭이 생'으로 만드는 정치 행위의 프로세스를 『호모 사케르』와 『예외상태』에서 소상히 밝힌 바 있다. 아감벤의 문맥에서 본다면, 재특회 회장 사쿠라이 마코토가 "재일 코리안이라는 존재 자체가 일본인의 생명과 재산을 위협하고 있다면, 국민 보호를 제1의 목표로 하는 국가는 그들을 배제할 의무와 권리가 있습니다"라고 말할 때,[4] 재일 코리안은 그야말로 '호모 사케르'의 현대적 형상이 되어버렸음을 알아차리기는 그리 어려운 일이 아니다. 사쿠라이의 주장은 모든 인간으로서 당연히 누려야 할 권리를 '특권'으로 대체시켜 법적 효력이 미치지 않는 곳으로 몰아버리려는 행위이며, 그러한 주장에 의해 재일 코리안이 법 바깥으로 내던져질 때 그/그녀는 이제 '살해는 가능하되 희생물로 바칠 수는 없는 생명'으로 전락하게 되는 것이다.[5]

---

3 슬라보예 지젝, 『이데올로기라는 숭고한 대상』, 이수련 옮김, 인간사랑, 2002, 61쪽.
4 야스다 고이치, 앞의 책, 262쪽.
5 조르조 아감벤, 『호모 사케르』, 박진우 옮김, 새물결, 2008, 45쪽.

기존의 우익조차 그들은 자신들과 다르다고 부인함에도 우리가 그들을 보고 '극우'라고 부르는 것은 바로 그 때문일 것이다. 즉, 그들의 행위는, 인간의 옷을 차례로 벗겨 벌거벗긴 채로 가스실에 넣어 대량 학살을 한 나치즘과, 관동대지진 때 '조선'이라는 옷을 입은 사람을 죽인 광기에 휩싸인 시민들과, 스스로 상의를 벗고 배를 가르는 제국 일본군의 모습을 연상시키기 때문이다.

그렇다면 21세기 오늘날 일본에서 어째서 이런 일들이 가능해졌는가. 탄식하기보다는 무엇이 인간을 벌거숭이로 만드는 이 행위를 소환하고, 지탱하고, 허용하고 있는지에 대해 성찰할 시기다.

생/유전자 역사주의의 출현

물론 재특회처럼 과격한 주장을 하는 자들은 극히 일부에 지나지 않는다는 관점이 있을 수 있다. 예컨대 박근혜와 새누리당, 아베 신조와 자민당이 비록 집권 여당이 되었다 해도 그들의 정치적 이념은 각국 대부분의 국민 정서와는 극히 동떨어져 있다며 선을 그으려는 행위는, 일베나 재특회의 경우에서도 마찬가지로 적용된다.

이러한 선 긋기는 여론조사의 진실성 여부를 떠나서, 이들의 정치 세력화의 기정사실화를 유보한다는 점에서 일견 매우 타당하

게 보일지도 모른다. 하지만 적어도 일본의 경우 이러한 그룹의 출현이 단지 '일부'의 '개인적 이탈'로 국한될 수 없다. 이는 출판계만 살펴봐도 잘 알 수 있는데, 그것은 아베 신조의 비호 아래 현재 NHK 경영 위원으로 위촉되어 있고, 위안부 문제와 역사 인식과 관련하여 '망언'을 쏟아내는 '극우 작가' 햐쿠타 나오키百田尚樹의 2006년 작 『영원의 제로』(『永遠の0』 문고판)가 2013년도 12월 누적 부수 300만 부를 돌파했다는 사실을 통해 확인할 수 있다.[6] 이 책의 성공—의심스러운 측면이 있다 하더라도—은 일본 우경화 문제를 재특회와 2채널 유저 일부의 문제만으로 국한할 수는 없음을 단적으로 보여준다. 그렇다면 도대체 이 소설의 어떤 부분이 그토록 많은 일본인의 관심을 이끌어냈을까.

『영원의 제로』는 사법고시에 내리 실패해 인생의 목표를 잃어버린 청년 사에키 겐타로가, 신문사의 프리랜서로 일하고 있는 누나의 부탁으로, 태평양전쟁 때 가미카제 특공대로 참전해 전사한 조부의 과거를 조사하기 위해서 조부와 함께 참전했던 동료들을 만나면서 그가 어떤 사람이었는지를 추적하는 이야기다. 한마디로 말하자면 전형적인 가미카제 특공대 후일담 이야기로 분류할

6 이 판매량은 만화 『원피스One Piece』에 이어 역대 2위라고 한다. 『원피스』가 현재에도 연재 중인 것을 감안한다면 그 판매량은 어마어마하다. 실제로 일본 국민 네 사람 중 한 사람꼴로 읽은 셈인데, 이 텍스트가 만화와 영화로 만들어졌고 2015년에는 TV에서 방영될 예정임을 감안한다면, 그야말로 영화 〈명량〉과 거의 같은 수준이라고 봐도 무방하겠다.

수 있다.

전후 일본에서 가미카제 특공대에 대한 이야기는 소설과 영화 등을 통해 상당히 많이 다루어졌는데, 그 이유에 대해 일찍이 박진한은 그것이 "국가와 민족이란 '상상의 공동체'를 구성하는 데 필요한 집합적인 기억을 놓고 서로 다른 입장을 견지하는 사회 세력 간의 치열한 '기억의 정치학'이 작동하는 장"[7]으로 기능했기 때문이라고 지적한 바 있다. 나아가 그는 가미카제는 시간의 경과 속에서 '살아 있는 신'에서 '강제적 지원으로 차출된 희생자'로, '근대사회의 병폐와 잃어버린 가치와 정신을 되돌아보게 만드는 거울'에서 '일본의 갱생을 위한 희생자'이자 '가족과 연인을 위한 희생자'로 변화했으며, 이러한 표상에는 모두 '전쟁에 대한 가해자 의식과 자기반성'이 빠져 있음을 날카롭게 지적했다. 이러한 박진한의 관점에 따른다면 『영원의 제로』의 가미카제를 대표하는 미야베 역시 표면적으로는 자신의 아내와 아이, 그러니까 일본인의 행복한 삶을 위해서 자신의 생을 포기했다는 점에서, 앞서 본 특공 표상의 범주에서 크게 벗어나지 않는다는 것을 알 수 있다. 그런데 어째서 이런 '진부한' 이야기가 현대 일본인들의 폭발적인 지지를 얻어냈을까.

---

7 박진한, 「특공영화와 전후 일본의 '특공' 인식」, 『'가미카제 특공대'에서 '우주전함 야마토'까지』, 소명출판, 2013, 26쪽.

이제까지 소설과 영화 속에 등장하는 가미카제는 천황이나 일본국을 위해 자신의 생명을 가차 없이 내던진 숭고한 영웅으로 긍정되거나, 혹은 국가나 천황의 영광을 위해 개죽음한 가엾은 희생양으로 부정되기 일쑤였는데, 이러한 서사 방식에서 가미카제의 의미화는 궁극적으로 천황제 국가와 죽음과의 관련 속에서 이루어졌다. 하지만 『영원의 제로』의 가미카제에 대한 의미화는, 그것보다는 가미카제 특공대원의 '생'과의 관련 속에서 이루어진다. 즉, 사에키는 자신의 조부 미야베가 오로지 살아서 임신한 아내에게 가기 위해서 최고의 비행술을 연마해 어떤 전투에서도 살아남았고, 그 때문에 동료들로부터 비겁자로 비치더라도 전혀 상관하지 않았다는 사실을 살아남은 동료들의 증언에서 듣게 되는데, 이러한 반복되는 증언에서 미야베의 생은, 마치 영원히 과녁에 닿을 수 없는 제논의 화살처럼 작품 속에서 영원히 체류되는 듯한 환시를 불러일으킨다.

죽음에 대한 의미화를 가능한 한 뒤로 미루거나 최소화하는 서사 양식은 2013년 한국에도 개봉된 마야자키 하야오宮崎駿의 애니메이션 〈바람이 분다〉에서도 볼 수 있다. 미야자키는 전전戰前 비행기를 만든 한 과학자의 삶을, '미래'를 괄호 속에 넣은 채 바라본다. 이는 전쟁 도구를 만든 과학자나 이를 운용하는 조종사의 삶을 결과로부터 예단하지 않고 그 과정이 어떠했는지를 조명함으로써 그동안 감춰져왔던 그들의 인간적 측면을 드러내려는 시도인데, 이렇게 거의 시스템적으로 기동되는 전쟁으로부터 인간을 분리시키기, 혹은 전쟁 속에서 인간 구하기는 전쟁 내러티브의 한 전형을 이루고 있으므로 한국인들에게 익숙한 내용이다. 하지만 이를 가해자였던 일본인들이 감히 말할 수 있게 되었다는 점은 한국인들을 경악시키기 충분했다. 이는 마치 독일인들이 제2차 세계대전의 결과를 괄호에 넣은 채 유대인 학살의 주범인 아돌프 아이히만의 평범함을 조명하는 것과 비슷한 느낌을 불러일으키기 때문이었다.

아이히만의 재판을 지켜본 한나 아렌트가 그의 '평범성'에 주목했던 것처럼, 『영원의 제로』에서도 작가 햐쿠타는 가미카제 조종사 미야베가 광신주의적 국가주의에 빠져 목숨을 하찮게 여기는 '영웅'이 아니라, 오히려 동료들에게는 죽지 않고 가족들에게 돌아가기 위해 빼어난 비행술을 연마했을 뿐인 '겁쟁이'에 지나지 않았다고 하는 증언을 반복함으로써, 그가 그저 '평범한' 인간임을 보여주고자 노력한다. 하지만 아렌트가 아이히만의 '평범성'이 '악의 평범성'임을 잊지 않았다면,[8] 햐쿠타는 미야베의 '평범성'을 인간의 생존을 위한 보편적인 노력의 일환으로 치환한다. 예컨대 그것은 비행기 조종밖에 모르는 미야베가 패전을 예감했을 때, 이제까지의 살아남기를 위한 노력을 버리고 자신의 '생'을, 패전

---

[8] 한나 아렌트, 『예루살렘의 아이히만』, 김선욱 옮김, 한길사, 2006, 391쪽.

후에도 임신한 자신의 아내를 지켜줄 수 있는 능력을 가진 동료의 '생'과 바꿔치기하는 선택에서 아주 잘 드러난다. 자신의 '죽음'이 ― 그것이 설사 사회적 죽음이라도 ― 임박했을 때 자식의 생을 지키려는 것은 일종의 자연선택적 본능이기 때문이다.

그런 의미에서 봤을 때 『영원의 제로』 속에서 '생'은 단순히 미야베의 단독적인 '삶'만을 의미하지 않는다. 그 '생'은 2000년대를 사는 젊은이 사에키의 '생'과 생물학적으로 연결되기 때문이다. 그런데 자신의 생물학적 기원을 이루는 '생'이 알고 보니 '전범'이나 '테러리스트'라는 식으로 이해되고 있을 때 어떻게 해야 하는가. 『영원의 제로』가 던지는 질문은 바로 이것이다. 즉, 이제까지 가미카제 영화의 대부분이 그 젊은 군인들의 '생'이 그날 그 순간 끊겼다는 전제하에 이야기를 시작하고 있다면, 『영원의 제로』는 그들, 그리고 전범들의 피가 현대 일본인들 속에 흐르고 있다는 전제하에 이야기를 전개시킨다. 즉, 햐쿠타는 '생'을 둘러싼 역사, 그리고 그 역사적 판단과는 상관없이 흐르는 피, 혹은 유전자의 역사를 드러내고, 이를 서사의 힘을 빌려 송두리째 긍정하려고 하는 것이다.

이러한 햐쿠타의 서사는, 실은 어떠한 생도 죽음 앞에서는 평등하다는 야스쿠니적 세계관을, 2000년대 유행한 '이기적 유전자'적 역사관 속에서 긍정하려는 전략이라고 볼 수 있는데, 이에 많은 일본 독자가 호응했다는 사실은 오늘날 일본의 극우주의가, 우리가 흔히 생각하듯이 단순히 개인을 희생시킨 국가주의를 미화하는 것이 아니라, 오히려 전쟁이라는 비극적 상황에 휘말려가면서도 국가는 안중에도 없이 생-유전자 유지에 집착하는 인간의 치열한 노력을 미화하고 옹호하는 방식으로 나타나고 있음을 보여준다.

다시 말해 오늘날 극우주의는, 지금 여기에 있는 생과 존재를 하찮게 여기고 국가와 민족과 전체주의라고 하는 이데아에 일직선으로 달려가는 것이 아니라, 그와는 반대로 지금 여기의 자신의 **생/유전자가 그 자체로서 하나의 의미임을 주장하는 형태**로 전개되고 있는 것이다. 그들의 적은 더 이상 정치(이념)적으로 대립하는 존재가 아니라, 지금 여기의 자기의 생/유전자와 생활을 위협하는 자, 예컨대 햐쿠타에게 그 적은 가미카제를 '테러리스트'나 '국가주의자'로 규정하는 좌파 언론이고, 재특회에게는 '1년에 3만 명이 자살해서 죽어가는' 일본에서 '생활보호 지원금'을 받는 외국인이며, 아베 신조에게는 일본인을 납치한 북한이다.

냉전 이데올로기 정치 사이에서 뿌리내린
생/명/활-정치

물론 자신의 '생/유전자'를 그 자체로 소중하게 생각하는 것은 그 자체로 정당하다. 예컨대 후쿠시마 원전 사고 이후 '생/유전자'의 위협을 느껴 반원전 시위에 참여하는 것을 부당하다고 할수는 없다. 하지만 오에 겐자부로가 『히로시마 노트』에서 밝힌 바있듯이 자신의 생/유전자를 지키려는 과정에서 타자의 생/유전자에 대해 가하는 폭력이 눈감아지거나 정당화된다면 이는 문제다. 재특회와 햐쿠타가 문제적인 것은 바로 그 때문이다. 그들은국가가 아닌 생에 방점을 찍었다고 항변할지도 모르지만, 그 '생/유전자'는 결국 '일본인'이라는 인종―이 또한 매우 의심스럽지만―으로만 국한될 뿐이다.

문제는 이러한 비판에도 자신의 생/유전자에 대한 무한 긍정에기반을 둔 오늘날의 극우주의적 정치 활동은 쉽게 막기 힘들게 되었다는 사실이다. 거기에는 앞서 언급한 바 있듯이 개인의 생/유전자에 대한 강한 긍정이 1990년대 후반의 신자유주의의 유행과결을 같이하고 있다고 하는 직접적인 이유가 있지만, 그 이전에전후 일본사에서 생과 관련한 정치 운동은 전후 일본의 이른바 진보적 지식인들의 각고의 노력으로 만들어졌다는 점을 간과해서는 곤란하다.

주지하다시피 패전 직후 일본의 젊은 지식인들은, 태평양전쟁때 이른바 국가주의 지식인과 문인이 개인보다는 국가를, '생'보다는 '죽음'을 숭고한 것으로 강조하면서 젊은이들을 사지로 내몬것을 비판하고, 국가보다는 개인을, '죽음'보다는 '생/명'을 일종의 초월적 가치로 승격시키는 데 많은 노력을 기울였다.[9] 특히 그들은 천황의 생/명/유전자가 개인의 그것에 비해 압도적으로 고귀하다는 전제하에 제국 일본의 정치적 시스템이 만들어진 이상, 천황의 생/명/유전자를 지키기 위해 개인의 생/명이 희생될 수밖에 없었음을 폭로했다. 물론 그렇다고 그들이 전후에 천황제를 완전히 부정한 것은 아니었지만, 적어도 천황 개인의 생이 죽어서만이 아니라 살아 있는 동안에도 똑같은 인간인 이상 다른 사람의 것과 마찬가지로 평등하다는 인식의 확산에는 기여했다.

개인의 생/명에 대한 의미 부여는 아직 공산주의 혁명의 가능성을 믿고 있었던 시대에 좌파 진영이 주도한 반핵 시위와 미군 기지 반대 데모에도 공유되고 있었다. 즉, 이들 시위의 중심이 된 키워드는 '평화'였지만, 그것이 가진 모호함을 구체화하고 대중적 지지를 얻기 위해 그들은 민중의 '생/명/활'의 '안전'을 끌어들였다.[10] 물론 이러한 태도는 좌파의 명목상의 전술에 불과했고, 동아시아의 가해자로서의 자신들의 책임에 대해서는 여전히 둔감했다고 비판할 수는 있지만, 그것이 국가와 기업이 자본을 추구하는 과정에서 생기는 인간의 희생을 단순히 일종의 '과실'이나 '손실'로 처리하는 것을 비판하며, 공동체보다는 개인, 이념보다는 생

---

9   이와 관련해서는 졸고 「아베 신조 『아름다운 나라로』 속의 미와 국가」(『일본비평』 제10호, 서울대학교 일본연구소, 2013)를 참조할 것.
10 이와 관련해서는 남기정(편), 『전후 일본의 생활평화주의』(박문사, 2014)를 참조할 것.

과 생활 중심의 사고를 하도록 만들었다는 점에서 충분히 평가할 가치가 있다. 그렇지만 국민의 호응을 이끌어내기 위한 방법으로서의 생/명/활에 대한 지나친 강조가 거꾸로 민주주의를 공동체가 도달해야 할 궁극적 목적이 아닌, 생/명/활 존속을 위한 하나의 방법으로 보는 인식을 낳는 데 기여하고 만 것은 아닌지 생각해야 할 대목이다. 인간의 생의 의미는 후세를 낳는 데만 있는 것이 아니라, 이념과 언어와 사물과 제도와 같은 비-인간적인 것들을 남기는 데도 있기 때문이다.

실제로 1960년대 좌파 진영이 폭력혁명을 통한 국가 전복이라는 이념을 버리는 순간 '생/명/활'을 이념보다 중시하는 인식은 더욱 확대되었다. 노조는 산업 시설과 자본의 공유화 대신, 노동자의 생/명/활의 안전을 위한 임금 상승과 작업장의 안전을 주된 목표로 삼게 되었고, 어제까지 국가를 부정해왔던 좌파 지식인들은 국가에게 국민의 생명을 지키고 유지해야 하는 사명을 부여했을 뿐만 아니라, 국가가 이러한 역할을 충실히 하는지 감시하는 에이전시를 자청하고 나섬으로써 정치적 생명력을 존속시켰다. 때로는 오직 자본 증식에만 열을 올리는 기업 보호에 정신이 없는 국가 대신, 스스로 합법적인 단체를 내세워 국민 생명 존속에 위해가 되는 먹을거리, 환경, 경제 불평등을 고발하는 소송을 걸기도 했다. 이러한 과정을 통해서 전후 일본의 정치 활동은 계산기를 두드리며 그저 '잘-살기'에 집중하는 (온건)우파와, 그들을 견제하기 위해서 '생/명/활의 안전'에 방점을 찍는 (온건)좌파, 이렇게 두 축으로 움직이게 된 것이다.

'생'을 정치 활동의 중심에 놓는 전후 일본의 정치체제는 이데올로기 대립이 한창이었던 냉전 시대의 세계 질서 속에서 형성되었는데, 이는 일본을 매우 예외적이고 특수한 위치에 올려놓았다. 제2차 세계대전의 쓰라린 경험은 승전국들이 일본인들에게 다시 무기를 주는 것을 꺼리게 만들었고, 그리하여 무력을 뺀 평화와 문화라는 모호한 이념을 지향하는 헌법을 부여했다. 징벌적인 성격이 강했던 이 헌법은 공교롭게도 미국인들이 자유-민주주의라는 이념과 국가의 영광이라는 미명으로 세계 곳곳에서 피를 흘리고 있을 때에도 이를 피해 갈 수 있는 면죄부이자, 국가의 안보보다는 개인의 생/명/활의 안전을 우위에 두는 가치관을 정당화하는 근거로 기능하게 되었다.

주목해야 할 점은 일본이 처한 극히 예외적인 상황의 산물로서의 일본국헌법에 대한 옹호가, 우파가 아닌 보편주의에 방점을 찍는 좌파에 의해서 주도적으로 행해져왔고, 행해지고 있다는 사실이다. 이는 동아시아의 평화를 위해서는 바람직한 일이지만, 한편으로는 보편주의에 기반을 둔 좌파가 핵 반대 운동 시에 일본의 지역적 특이성을 강조함으로써 이념적 정합성에 균열이 생기면서 일본 내 좌파가 분열하는 결정적 계기로 작용하게 되었다. 예컨대 가장 일반적으로 생/명/유전자/활에 대한 가치를 가장 중시하는 것이 보수주의라고 정의한다면, 이 시점에서 좌파와 보수주의의 구별은 더 이상 쉽지 않게 된 것이다.

물론 '생'에 방점을 찍는 행위를 일종의 정치적 패배이자 치욕으로 보는 좌파와 우파가 없었던 것은 아니다. 하지만 제2차 세계대전 패배 후의 폐허 속에서 대부분의 일본인은 벌거벗은 생을 받아들이기 바빴고, 치욕은 일종의 감정적 사치에 불과했다. 김항의 표현을 빌리자면, 그들은 '인간'이 되기 위해서 '벌거벗은 생명'을 받아들여야 했던 것이다.[11] 한국전쟁을 계기로 부흥해 본격적인 고도성장기에 접어들던 일본 사회 속에서 생과 이를 장식하는 생활이 주는 프리미엄이 무엇인지를 알게 된 대중은 그것들을 희생하면서까지 얻어야 할 이념적 가치를 회의하는 생활보수주의자가 되어갔다.[12] 이러한 상황에서 전통과 과거의 영광을 되돌려야 한다고 주장하던 (극)우파와, 혁명의 경험이 없음을 치욕으로 보며 폭력을 통한 국가 전복을 외치는 (극)좌파의 목소리는 그 힘을 잃어버렸다. 미시마 유키오와 연합적군이 1970년과 1972년을 기점으로 모두 패배한 이래로, 우파와 좌파는 모두 생에 방점을

11　김항, 『말하는 입과 먹는 입』, 새물결, 2009, 207~208쪽.
12　이정환에 따르면, '생활보수주의'라는 용어는 '1970년대 자민당에 대해 지지가 유지되는 유권자의 심리를 설명하기 위해 처음 등장했는데, 학문적으로 폭넓게 사용되지는 않았다'고 한다(이정환, 「장기불황, 구조개혁, 생활보수주의」, 『일본비평』 제10호, 100쪽). 이 글에서는 이 용어를 우에노 지즈코의 정의, 즉 '중산계급적인 생활에 대한 욕망'으로 보고자 한다(岩崎稔 外, 『戰後日本スタディーズ』, 紀伊國屋書店, 2009, 30쪽).

찍는 보수주의에 눈높이를 맞추면서 그 속에 흡수되었고, 그 이후 일본은 국민을 죽음으로 내모는 국가에서, 살게 하는 국가로, 집단 자살의 국가에서 미군 탈영병들의 천국이자 힐링의 장소로 변모하게 되었다.[13]

지나친 생/명 찬미와 우파의 반격

좌파와 우파가 모두 '생'과 그것의 형식으로서의 '생활'에 몰두하면서 바야흐로 생은 그 자체로 하나의 목적이 되었다. 예컨

---

13 이런 일본인들을 의아한 눈으로 보는 철학자도 존재했다. 인간의 역사를 부정을 통해서 기동하는 역동성으로 보는 헤겔리언이었던 알렉상드르 코제브의 눈에 비친 일본인들은, 이제 막 자신의 역사를 갖게 되어 그에 대한 무한 긍정을 하는 행복한 미국과 소비에트의 사람들처럼 '동물'은 아니지만, 그렇다고 이미 소여된 역사와 전통을 부정하고 앞으로 나아가려는 노력을 하지 않는다는 점에서 유럽인 같은 '인간'도 아니었다. 코제브는 이렇게 이데아 없는 역사 속에서 '생'을 긍정하는 존재를 스놉이라 부르고, 이를 역사 종말의 하나의 징후로 파악했다(졸고 「스놉과 짐승 사이─전후 일본의 우파와 역사성」, 『21세기문학』, 2013년 가을호). 실제로 일본인들은 부정으로서의 역사 없이도 살 수 있는 인간의 가능성을 발견하고, 이를 누리며 번성하게 되었다. 즉 '이데아'도 이를 좇는 '아름다운 영혼'도 없이 미국 군수산업의 하청 기지 국가로 전락한 것이 오히려 경제적 성장을 이룩할 수 있도록 만든 것이다. 1980년대 일본인들이 영미 사회에서 '경제동물'로 표상된 것도 이러한 정치체제와 무관하지는 않을 것이다. 경제economy라는 말이 고대 그리스에서 공적 영역을 뜻하는 폴리스에 대비되는 사적 공간인 오이코스oikos에 어원을 둔다는 것을 고려해보았을 때, 불사의 영역으로서의 이데아를 논하는 공적 영역 대신, 유일무이한 생의 단위인 사적인 영역에 방점을 찍는 일본인들은 그야말로 '경제동물'의 한 형태를 표상하기 때문이다.

대 미야자키 하야오의 대표작 〈바람 계곡의 나우시카〉(1984)는 이러한 정치성을 가장 잘 내면화하고 있는 작품이라 불러도 손색이 없다. 친-자연-평화 대對 반-문명-전쟁이라는 두 축으로 움직이는 그의 작품이 최종적으로 확인하는 것은 '생/명의 숭고함'이며, 이를 통해서 그의 작품들은 지구 상의 모든 개체는 결국 생명이며, 생명인 이상 살아야 하는 권리가 있고, 평등하다는 메시지를 획득한다. 생이 그 자체로 하나의 의미이자 목적이 되었을 때 예술작품들은 '살아야 한다'는 정언명령 반복의 지루함을 완화시키기 위해서 '삶'에 미를 입힘으로써 생/명-정치를 공고화한다.

그런데 살아 있음 그 자체가 미의 대상이 된다는 것은 과연 가능한가. 예를 들면 예술가의 생은 미, 혹은 그 구현물인 예술이라는 이데아를 위해서 희생되더라도 무방하지 않았던가. 실제로 오랫동안 생은 찬란한 미를 위해서 바쳐져야 할 제물이어야 했고, 죽음에 의해서 가까스로 구원받는 존재에 지나지 않았다. 물론 르네상스 시대 이후로 인간의 나신이 미의 대상이 되기는 했지만, 그건 어디까지나 화폭이라는 프레임 속에서만 현전하는 것이었다. 낭만주의자들에 의해 생이 찬미 받았던 것은 사실이었지만, 그 경우 생의 아름다움은, 언젠가는 늙고 죽음에 의해서 부패되어 소멸될 생 앞에 우리가 느끼는 허무함을 전제로 깔고 아이러니한 방식으로 체감되는 것에 지나지 않았다. 미야자키의 작품 속에서 유독 미소녀만이 미적 대상으로 표상되는 이유는, 한 인간의 생이

통째로 미로 만들어지기 힘들다는 것을 그가 너무나 잘 알고 있다는 사실과 관련된다. 요컨대 형이상학적으로 봤을 때 미는 인간의 생의 외부에 있어야 마땅했다. 칸트식으로 말하자면 미는 인간의 생 그 자체가 아니라, 미를 발견하는 인간의 '의식' 속에만 존재하는 것이라고 할 수 있겠다. 그렇다면 전후 일본에서 생 그 자체가 미적 대상이 된 것은 어떤 조건에서 가능하게 된 것인가.

이는 무엇보다도 냉전 시대의 생/명이 핵폭탄이라는 대량 학살 무기 속에 끊임없이 노출되어 있었다는 점과 관련하는데, 이러한 현실은 태평양전쟁 때 이미 절멸의 공포를 체험한 적이 있었던 일본인들의 기억을 상기시키기에 충분했다. 즉, 사카구치 안고의 『백치』가 보여주듯이, 공습으로 쑥대밭이 되어가는 도쿄에서 일본인들은 아무런 이념도 없는 백치 상태의 인간에게도 깃들여 있는 생/명의 아름다움을 발견하고 전율했었다. 하지만 냉전이 장기화되면서 생의 위협은 둔감해지거나 망각되었고, 이에 따라 생 그 자체에 대한 미의식도 둔감해졌다. 그런 맥락에서 본다면 미야자키 하야오의 '평화'라는 메시지는, 실은 생/명 그 자체에 대한 미의식을 활성화시키기 위한 장치라고 볼 수도 있다. 즉, 소녀들의 아름다움은 현재가 늘 전쟁의 위협 속에 있다는 것을 환기시킴으로써만 현전하게 되는 것이다. 이는 마치 고시엔 경기에 참여하는 일본의 고교생들의 생이, 태평양전쟁 때 죽은 전몰자와 유비될 때 미적 존재로 고양되는 것과 같은 원리다.

전후 일본의 지나친 생/명의 미화는 자본주의가 자기 증식을 위해 생과 미의 결합을 필요로 했다는 점과 관련될 것이다. 제국주의 시절에 이미 자본주의는 한편으로는 회화와 조각, 도자기 등의 미를, 한편으로는 보험 상품 등으로 생/명을 투기의 대상으로 삼았는데, 이는 20세기 세계대전과 냉전 시대에 약간 정체되었지만 냉전이 종식되어 생/명에 대한 외재적인 위협이 없게 되자 다시 증가했다. 이 과정에서 경제활동의 최소 단위도 가족에서 한 개인의 생/명 단위로 좁혀졌고, 그 형식으로서의 신체에 이전과는 비교할 수 없을 만큼의 자본이 투여되었다. 건강과 섹스, 미용과 수명 연장 등, 생에 대한 의학적 배려가 활성화되었고, 미디어와 광고는 인간의 신체와 생명에 미를 덮어씀으로써 이에 대한 지속적 욕망을 유지시켰다. 특히 자본의 자기 증식을 위해 절약이 강조되는 상황에서, 생에 대한 배려는 자본의 적절한 순환을 위해서 반드시 필요할 수밖에 없었다.

이러한 과정을 거쳐 전후 일본의 사회에서 '생'은 그 자체로 하나의 아름다움으로 표상된다. 이는 일견 서구 형이상학의 전통 속에서 배제되어온 '존재'를 시야에 넣었다는 점에서 평가할 수 있을지도 모른다. 이데아의 그림자에 지나지 않았던 생이 그 자체로서 자립할 수 있게 되었으니까. 하지만 생에 대한 지나친 찬미는 국가/공동체를 위해 죽은 자와 그것을 가능케 하는 이념을 배제한다는 점에서, 우파를 다시 정치 담론의 무대로 올리는 계기가 되기도 했다.

걸프전이 종결된 1991년 경제사상가이자 보수파 지식인인 니시베 스스무西部邁는 『전쟁론』(1991)에서 미시마 유키오의 말을 빌려 "생명만을 존중하고 혼은 죽어도 되는 것인지" 반문하며 이러한 생 정치에 대한 비판의 포문을 열었다. 니시베에게 "'수단 가치'에 불과한 생명을 최상의 '목적 가치'로 간주해"온 전후 일본의 평화주의는, 특정 이념을 목적화하여 절대 신뢰해간다는 점에서, '정신적 기형'으로 비쳤다. 요컨대 니시베에게 평화주의는, 그의 사상적 궤적을 추적해온 장인성의 지적대로, "오랫동안 낯설어진 전쟁에 관여할 것을 요구받고 생긴 두려움의 소산이며, 자기 불안으로부터 자신을 방어하기 위한 '의태'"로 요약되고 만다.[14] 이러한 니시베의 비판이 생의 절대적 우위에 근거해 평화주의를 이념화하는 좌파 진영을 상대화하는 데 일정 부분 성공함으로써 우파의 출구가 확보된다. 실제로 그는 '새로운 역사 교과서를 만드는 모임'에 깊게 관여하면서 우파를 결집시킴과 동시에, 『일본의 도덕』(2000)이라는 방대한 분량의 윤리서를 집필하게 된다.

---

14 장인성, 「고도 대중사회 일본과 보수주의」, 『일본, 상실의 시대를 넘어서』, 박문사, 2014, 94쪽.

살게 만들고, 죽게 내버려두는 정치의 도래

일본의 전통을 강조하는 이러한 니시베적 보수주의 사상은, 그 의도와는 달리 미국발 신자유주의가 일본에 정착하는 데 기여하는 결과를 가져오고 말았다. 그는 전후 평화주의의 핵심이 되는 개인 간, 국가 간 평등을 상대화하기 위해서, 모든 인간은 개성과 능력에서 불평등한 존재이며 이는 국가에서도 마찬가지라는 사실을 정당화했기 때문이다. 경제사상가답게 절대적 평등보다는 '대립적 이항관계에 내포된 괴리, 모순, 간극에서 발생하는 활력'을 중시하는 니시베의 관점은, 천황 앞에 모든 신민은 평등하다고 보는 전통적 극우주의와 선을 긋고, 국가적·인종적 차이를 노골적으로 드러내는 신종 우파의 탄생을 예감하게 만든다는 점에서 매우 징후적이었다.

예컨대 1990년대 후반 만들어진 인터넷 커뮤니티 사이트 '2채널'의 유저들은 열린 세계 속에서 다양한 이미지로 표출되는 재일조선인과 북한, 한국인과 중국인과 일본인 간의 '차이'에 대한 다양한 담론을 쏟아냈는데, 이러한 흐름은 2002년 이른바 '넷우익'으로 활성화되었고, 이는 또다시 오랜 세월 동안 투쟁해 겨우 손에 넣은 재일 교포들의 법적 권리를 '특권'이라고 전도해서 주장하는 정치단체인 '재특회'로 이어졌다. 2005년 국가 간의 차이를 '품격'이란 관점에서 논한 후지와라 마사히코의『국가의 품격』이

나왔고, 이듬해인 2006년에는 납치 국가 북한과 일본을 대비한 아베 신조의 『아름다운 국가로』와 햐쿠타의 『영원의 제로』가 출간되었다. 이들은 모두 니시베처럼 인간과 국가 능력의 차이와 이에 따른 괴리를 직시하면서도, 박애주의라는 이념에 기초한 생의 존엄성과 인권에 저항한다는 공통점을 가지고 있다.

하지만 이들 중 아베와 햐쿠타는, 생의 본질로서의 '자기 보존'을 긍정한다는 점에서 '생'보다는 전통 같은 이념적 가치를 추구하는 니시베와는 구별된다. 그들은 자신들의 생의 기원을 만세일손의 천황을 중심으로 하는 전체주의 시대의 역사관이 아니라, 타자의 생을 유린한 자신들의 선조의 '생'에서 직접 찾고, 그들을 '자기 보존'의 이름으로 정당화함으로써, 기존의 그 어떤 윤리적 판단으로부터도 자유로울 수 있는 토대를 마련했다. 그 어떤 잘못을 한 자라도, 어떻게든 살아남아 자기 보존에 기여한다면 그 자체로 숭고한 것으로 격상되는 것이다.

물론 이러한 인식은 그들이 처음은 아니었다. 가깝게는 제2차 세계대전 시 파시즘과도 관련되지만, 더 멀게는 계몽주의 시대로까지 거슬러 올라갈 수 있다. 예컨대 칸트는 『판단력비판』에서 인간의 자기 보존에 대해 다음과 같이 서술했다.

자연의 위력의 불가저항성도 자연 존재자로 볼 때의 우리에게는 우리의 신체적 무력함을 인식시켜주기는 하지만, 동시에, 우리를 그 위력에서 독립적인 것으로 판정하는 하나의 능력과 자연에 대해 압도적임을 들춰내준다. 이러한 압도적임에 우리 밖의 자연으로부터 침해를 받아 위험에 처할 수 있는 것과는 전적으로 다른 종류의 **자기 보존**이 기초한다. 그러한 위험에 처했을 때 인간은 저 자연의 강제력에 굴복하지 않을 수 없음에도, 그의 인격 안의 인간성은 모욕받지 않고 있는 것이다. 그러한 방식으로 자연이 우리의 미감적 판단에서 숭고하다고 판정되는 것은, 자연이 두려움을 일으키는 한에서가 아니라, 오히려 자연이 우리 안에 (자연이 아닌) 우리의 힘을 불러일으키기 때문이다.[15]

자연이라는 무한에 비한다면 인간의 유한한 생은 무력하지만, 그럼에도 인간은 그들과는 다른 방식으로 '살아남아' 있다. 이러한 발견에서 오는 전율을, 칸트가 '미'가 아닌 '숭고'로 설명했음은 익히 잘 알려져 있다. 여기서 중요한 것은 칸트가 생의 목적이 자기 보존에 있다는 것을 알고 좌절하기보다는, 그것을 자연을 뛰어넘는 숭고함으로 격상함으로써 그것을 정당화해 생-정치의 초석을 제공하고 있다는 사실 아닐까. 칸트가 이성과 윤리로는 부족해서 미를, 그것으로부터 부족해서 숭고를 필요로 한 것은, 형이상

---

15 임마누엘 칸트, 『판단력비판』, 백종현 옮김, 아카넷, 2009, 271쪽.

학이라는 학문을 위한 필요조건임에도 가려져 있었던 '생' 그 자체를 철학적 사유의 대상으로 정초할 필요를 느꼈기 때문은 아니었을까.

칸트에게 자연은 '생'의 숭고함을 발견하게 해주는 존재만은 아니었다. 푸코는 칸트가 자연을 인간을 위협하는 존재가 아니라, 인간을 '살게 만들어놓는' 존재로 치환했다는 점을 날카롭게 지적한다. 『영구평화론』에서 칸트가 자연이 인간에게 부여한 의무는 '지구 상의 모든 장소에서 생활할 수 있도록 배려하는' 것이라고 주장하며, 이러한 자연 덕분에 영구 평화가 달성될 것을 믿어 의심치 않았다는 점에 대해 푸코는 놀라움을 금할 수 없었다.[16] 척박한 환경에서 인간을 살도록 만드는 것이 자연이 아니라 실은 자유주의 통치술의 한 형태였음을 잘 알고 있었기 때문이었다. 푸코가 18세기 중반에 출현한 것은 '자유주의라기보다는 자연주의'라고 말했을 때, 이는 이 시기에 척박한 환경으로 인간을 떠밀고 살게 만든 자유주의 통치의 이주의 자유 이상으로 칸트적 의미에서의 '자연'이라는 개념이 중요한 역할을 하고 있었음을 강조하기 위해서다.

이러한 맥락에서 본다면 일본 생-정치의 기원은 전전으로 거슬

---

16 미셸 푸코, 『생명관리정치의 탄생: 콜레주드프랑스 강의 1978~79년』, 심세광·전혜리·조성은 옮김, 난장, 2012, 91쪽.

러 올라갈 수 있다. 제국 일본의 만주와 타이완은 모두 이러한 '자연주의'에 대한 신념 속에서 확장되고, 경영되었기 때문이다. 홋카이도부터 타이완, 조선에서 만주까지 모든 장소에서 일본인들은 생활할 수 있었다. 척박한 자연은 결국 그들이 그곳에서 '생활할 수 있도록' 충분히 배려할 테니까. 이는 물론 '자연은 전 세계가, 세계의 모든 표면이 생산과 교환의 활동으로서의 경제활동에 맡겨지길 바란다'고 자유주의자들이 주장하는 이데올로기의 세련된 형태에 지나지 않지만, 그 위력은 막강했다. 자신들을 살게 해주는 자연의 힘을 믿고 많은 일본인이 척박한 열도 바깥으로 이주해 나갔으며, 피식민자들 또한 자신들을 살게 해주는 유일한 힘으로서의 자연과 그에 굴복되지 않는 숭고함을 가진 자신의 생명을 믿고 척박한 자연환경 속으로 이동했다.

이는 제국 일본에서 이미 권력의 형태가 푸코가 말했던 '살게 만들고 죽게 내버려두는' 방식으로 작동하기 시작한 것을 시사한다.[17] 즉, 태평양전쟁 시 일본 본토에서 '죽게 만들고 살게 내버려두는' 천황제 권력이 무지막지하게 행사되었다면, 만주 같은 척박한 곳에서는 혁신 관료들에 의해서 그야말로 '살게 만들고 죽게 내버려두는' 권력이 조용히 자리를 잡고 있었던 것이다. 이 권력을 대표

---

17 미셸 푸코, 『사회를 보호해야 한다: 1976, 콜레주 드 프랑스에서의 강의』, 박정자 옮김,
   동문선, 1998, 278~279쪽.

하는 자가 바로 아베 신조의 조부 기시 노부스케였다.

태평양전쟁 시 군수성 차관이자 국무대신으로 활약해 도쿄재판에서 A급 전범 용의자로 지명되어 스가모 형무소에서 복역하기도 했던 기시는, 실은 만주국의 혁신 관료로서 만주국의 생산력 확충을 위해 만주국 산업개발 5개년 계획을 비롯한 주요 정책들을 만들어 수많은 사람을 '살게 만들고 죽게 내버려두는' 권력의 시행자였다는 점에서 새로운 타입의 '전범'이었다고 할 수 있다.[18] 즉, 그는 일본인들을 살게 만들어주겠다는 신념을 믿고 이주해 온 자들을 죽게 내버려두거나, 혹은 그들을 살게 만들기 위해서 그 외의 민족을 죽게 내버려둔 자였던 것이다.

이런 기시의 통치술은 전후 일본에서 새롭게 빛을 발했다. 한국전쟁을 계기로 정치적으로 복권한 기시는, 빈곤에 허덕이는 일본인들을 살게 만들기 위해 만주국에서의 노하우를 바탕으로 소득 증대 계획을 세우고, 건강보험과 국민연금 등의 사회보장제도를 도입했으며, 일본인의 생의 안전을 위해 미·일 안보조약을 갱신하는 한편, 미군기지를 오키나와로 철수시켰다. 일견 그럴듯하게 보이는 이러한 기시의 행위는, 국민을 살게 만든다는 명목으로 노동자들이 미나마타병 같은 환경병에 걸려 죽게 내버려두고, 본토

---

18 이와 관련해서는 임성모, 「전후 일본 보수정치의 식민지 표상—기시 노부스케와 '만주'」(『전후 일본의 보수와 표상』, 서울대학교출판문화원, 2010)를 참조할 것.

사람들의 안전을 지키기 위해서 오키나와 사람들을 죽게 내버려두는 권력 행위의 전형을 보여준다.

아베 신조의 정치가 위험한 것은 바로 이러한 기시 노부스케의 통치술을 계승하고 있기 때문이다. 중국과 북한의 위협으로부터 일본 국민을 지킨다는 명목으로 평화헌법을 수정하여 집단적 자위권을 행사함으로써 젊은 군인들을 죽게 내버려두고, 기업을 살린다는 명목으로 원자력발전소를 가동시켜 지역 주민들을 죽게 내버려두는 행위는 모두 그가 생-정치의 명실상부한 계승자임을 여실히 보여준다. 이른바 아베 노믹스는, 현재 자신의 지지 기반인 장년층을 살게 만들기 위해 막대한 공적 자금을 풂으로써 자라나는 젊은 세대를 죽도록 내버려두는 대표적 정책으로 볼 수 있다.

생/명으로부터 멀어져 살기

이러한 아베 신조의 정치적 행위를 보다 보면, 박근혜의 통치술이 어떠한 방식으로 행사되는지를 미루어 짐작할 수 있을 것이다. 단 주의해야 할 점은, 기시 노부스케-아베 신조 라인과, 박정희-박근혜 라인의 삶과 정치 이념적 아이덴티티의 유사성이 아니라, '누군가'를 살게 만든다는 명목으로 '그 누군가' 혹은 '다른 누군가'를 죽게 내버려두는 통치 방식의 유사성이다. 우리가 그들의 '유전자' 그 자체에 죄를 묻는 그 순간, 우리는 그들과 똑같이 유전자 역사주의 프레임 속에 갇히게 되기 때문이다. 또한 그들의 통치술에 겁먹어 우리가 우리 개인의 생/명/활의 안전에 집착하면 할수록 이로부터 벗어나기 힘들어진다는 점도 유념할 필요가 있다. 그들은 우리 입으로 직접 '살게 만들어'달라고, '지켜달라'고 요구하기를 기다리고 있기 때문이다. 예컨대 아베 신조가 2013년에 언론의 자유에 치명적인 '특정비밀보호법안'을 통과시킬 수 있었던 것은 바로 '생의 안전'이라는 '대의'를 내세웠기 때문이었다.

오늘날 새로운 정치집단들이 드러내놓고 생/명을 정치 행위의 중심에 놓는 것을 주저하지 않게 된 이상, 이제까지와는 다른 방식으로 '정치'와 우리의 '삶'을 이야기하지 않고서는 그들로부터 헤어나기가 쉽지 않다. 그러니까 결코 생/명의 자기 보존으로 환원되지 않는 삶^{zoe}을 개시하고 입증하지 않으면, 그들에게 계속 말릴 수밖에 없는 것이다.

단, 이는 미시마 유키오와 같은 죽음의 정치를 시작하자는 식으로 받아들여져서는 안 된다. 살게 만들어달라고 하지 않는 것이 곧 죽음을 달라는 뜻은 아니니까. 삶은 생과 죽음 사이에서 표류하면서 체류되고 있다. 그저 살게 만들어달라고 요구하지 않을 수 있는 가능성 속에 우리의 삶의 의미를 투기해보자는 것이다. 이미 스스로 옷을 벗어버렸고, 타인이 입은 한 겹의 옷을 벗겨 가려는 자들 앞에서 같이 옷을 벗기보다는, 벌거숭이들에게 입힐 옷으로 무엇이 좋은지를 고민해보면서.

5장 · 극우와 계몽의 변증법

문순표

일베라는 반反계몽?

키가 70피트나 되는 한 거인이 존재한다는 보고서가 어떤 이에 의해 널리 퍼진다. 이후 학자들은 곧 그의 머리카락 색깔, 엄지의 굵기, 손톱의 크기를 두고 토의하기 시작하더니, 그 주제를 놓고 소리 지르고, 작당하고, 심지어 서로 싸운다. (……) 지나가던 한 나그네가 조심스럽게 지켜보더니 묻는다. '그런데 신사분들, 당신들이 논쟁하는 그 거인이 진짜 존재하나요?' 모든 논쟁자가 한목소리로 외치길, '끔찍한 의심이로다!" "신성모독이로다! 어리석구나!" 이 불쌍한 나그네를 돌로 쳐 죽일 시간을 갖기 위해 짧은 휴전이 이루어진다. 그러고는 그 끔찍한 행사를 정식으로 거행하고 나서 그들은 손톱과 엄지라는 영원한 주제를 놓고 싸움을 재개한다.[1]

---

1 Voltaire, "Fanaticism", *Philosophical Dictionary*, http://ebooks.adelaide.edu.au/v/voltaire/dictionary/chapter199.html#chapter199; 알베르토 토스카노, 『광신』, 문강형준 옮김, 후마니타스, 2013, 203쪽에서 재인용.

프랑스 계몽주의 1세대에 속하는 볼테르의 광신주의자^{fanaticist}에 대한 묘사와 겹치는 두 가지 장면이 있다. 일본 애니메이션 〈진격의 거인〉에서 인간보다 월등한 거인의 비밀을 캐내기 위해 포로로 잡은 거인을 실험하고 해부하는 장면이 첫 번째 것이고, 다른 하나는 일베에서 활동하는 이른바 '일베충'(과 그 사이트 운영자인 '새부')의 정체를 밝히기 위해 온갖 프레임을 격자로 짜 맞추는 장면이다. 이 두 장면에서 확인되듯 〈진격의 거인〉이라는 (수입·소비되는) 일본의 대중문화와 한국의 대표적 하위문화인 인터넷 '막장'을 통해 지금 한국 사회가 맞닥뜨린 곤란과 위기를 읽어낼 수 있을 것 같다.

일베는 누군가의 지적처럼 박근혜 체제에서 '과잉 담론화'되고 있는지도 모른다. 지난 대선에서는 여당 지도부와 국정원에 의해 우파의 '전위'로 치켜세워졌다가 지금은 좌·우파, 진보·보수 양 진영에서 '비판'과 '계몽'의 포화 세례를 받고 있다. 심지어 일베충이 '서식'하는 사이트에 대한 폐쇄 여부가 진영 논리를 넘어서서 중립적으로 여겨지는 표현의 자유를 시험하는 리트머스처럼 받아들여지기도 한다. 한편으로는 1987년 체제의 '보수적 타협' 이후 오랜만에 진영 논리 너머의 합의를 통해 일베에 대한 '공론장'이 형성된 것처럼 보이기도 한다. 이 공론장에서 '공공의 적'과의 투쟁에서 지는 법은 절대 없다. 물론 이 적을 향한 비평의 전술과 전략은 각양각색이다. 이 적은 한없이 투명해 보여서 비판과 동시에 오히려 연합 전선에 참여하고 있는 이들의 취향을 반영하는 거울 역할을 하기도 한다. 하지만 다른 한편으로 일베는 비평의 대상으로는 한참 부족하거나 역으로 초과해 있는 것 같다. 일베에서 오늘날 한국 사회의 위기를 읽어낼 수 있을 뿐 아니라, 역으로 일베에 개입하도록 추동하는 동력이 이 위기에서 비롯된 게 아닌가 하는 인상을 지우기 힘든 것이다.

다시 말해서 일베는 이른바 '이중 구속double bind'에 사로잡혀 있다. 이것은 비판과 계몽의 대상이기도 하지만 근대적인 의미에서의 비판과 계몽의 전략이 더 이상 유효하지 않게 되는 속사정을 폭로하는 '매개'이기도 하다. 그리고 비판의 대부분은 이 하위 주체들을 주변화하고 그 사이트 자체를 게토화하거나 '산업화에서 민주화로의 이행과 발전'[2] 또는 '국가'와 '자본'의 결탁으로 특징되는 '정상 근대화'와 근대국가라는 보편성의 자리에 위치시키고 가치 평가를 내린다. 이 보편성에 함량 미달이므로 무시해도 좋다거나, 역으로 이 보편성이 배제했거나 간과했던 내재적 모순이 강박적으로 회귀한 것으로 판단하는 것이다. 특히 근대적 진보 이념인 '계몽'의 반대편에 일베가 놓이기도 한다.

---

2 이태광은 「박근혜는 무엇의 이름인가?」에서 안철수 현상과 일베 현상을 공히 보수주의의 위기로 보고, '두 개의 인민'에 해당하는 '산업화 세대'와 '민주화 세대'를 각기 두 인민을 하나로 통합하거나 하나의 인민으로 환원하려는 시도로 읽어낸다. 이태광, 「박근혜는 무엇의 이름인가?」, 『말과 활』 1호, 2013년 7·8월호, 80~91쪽.

『백과전서』로 계몽의 길을 닦은 디드로가 태어난 지 올해로 꼭 300년이 되었다. 이 앎의 전사의 눈으로 보면 근대의 격동은 계몽 이성이 난파의 위험을 겪으며 벌인 계몽의 오디세이였다고 할 수 있지 않을까. 일베니 종편이니 하는 반계몽의 검은 그림자들이 발호하는 오늘, 우리 안과 밖의 어둠을 밝히는 계몽의 힘을 되새긴다.[3]

하지만 이 칼럼이 지적하듯이 일베가 '반-계몽'의 전위에 있다고 딱 잘라 말할 수 있을까? 계몽을 『계몽의 변증법』의 저자들을 따라서 다소 역설적으로 정의한다면 말이다.

"진보적 사유라는 가장 포괄적인 의미에서 계몽은 예로부터 인간에게서 공포를 몰아내고 인간을 주인으로 세운다는 목표를 추구해왔다. 그러나 완전히 계몽된 지구에는 재앙만이 승리를 구가하고 있다. 계몽의 프로그램은 세계의 '탈마법화(탈주술화)'였다. 계몽은 신화를 해체하고 지식에 의해 상상력을 붕괴시킨다."[4]

이러한 '계몽의 역설'을 확인하기 위하여 1990년대 후반 개시된 극우 헤게모니에 대한 시민사회의 투쟁을 돌아보려 한다. 비유적

---

3 고명섭, 「[편집국에서] 계몽의 오디세이」, 『한겨레』, 2013. 6. 2. http://www.hani.co.kr/arti/opinion/column/590074.html.

4 막스 호르크하이머·테오도르 아도르노, 『계몽의 변증법』, 김유동 옮김, 문학과지성사, 2001, 21쪽.

으로 말해보자면 『조선일보』와 일베를 각각 양 초점에 고정하고 '계몽주의-광신주의'라는 하나의 타원형을 그려보는 것이 이 글의 목적이다.

일베를 이택광의 지적처럼 1987년 체제의 '민주주의의 보수화'와 뒤이은 민주화 운동 세대의 소진과 기득권화에 대한 '극우 패러다임'[5]의 불만과 반격으로 볼 수 있다면, 일베를 둘러싼 계몽주의적 연합 전선은 최소한 전략의 차원에서 볼 때 1990년대 후반부터 2000년대 초까지 '안티조선운동'[6]을 주도했던 좌파와 자유주의 연대를 잇고 있는 것 같다. 현재 일베의 주적 중 하나인 민주화 세대의 '정통 정부'가 세워졌던 그 시기의 대표적 운동 말이다. 다만 이때는 일베의 자리를 『조선일보』가 차지했었고, 극우 패러다임 대신 '극우 헤게모니(와 그것의 진지전/기동전)'가 전선을 선명하게 가르는 프레임이었다. 당시 파리에서 망명하여 뒤늦게 이 운동에 합류했던 홍세화는 『인물과 사상』에 투고한 글에서 '보수를 극우로부터 해방시키자'는 전투적 선언으로 반-극우전선에 조금의 망설임 없이 참여했다.

나는 이 어설픈 글에서 우리로 하여금 100년간의 시차를 피

---

5 이택광, 앞의 글, 81쪽.
6 이에 대한 역사적 논의로는 다음을 참조. 한윤형, 『안티조선운동사』, 텍스트, 2010.

부로 느끼지 못하게 만드는 가장 중요한 요인으로 세 가지를 들고자 한다. 즉, 하나는 한국 사회에 반세기 동안 자리 잡고 있는 극우 헤게모니, 둘은 『조선일보』로 대표되는 극우 언론의 진지전, 셋은 극우 헤게모니와 싸우지 않고 오히려 『조선일보』의 진지(구축)전에 놀아나고 있는 한국의 지식인들이다. (……) 내가 끊임없이 주장하는 바이지만, 아직 진보 세력이 정치 세력화되는 것조차 이제 시작 단계에 있는 상황에서, 즉 현실 정치 영역에서 진보 세력이 없는 상황에서, 극우와 보수를 구분하지 않는다는 것은 보통 심각한 이야기가 아닌 것이다. 그것은 한국의 정치 현실에 대한 비판적 안목을 스스로 포기하는 것과 같다. 아마도 극단적인 대칭 사회에서 진보가 아닌 모든 세력을 한 묶음으로 묶어왔던 타성에서 비롯한 게 아닐까 싶다. 이제는 그와 같은 함정, 스스로 팠거나 극우 세력이 파놓은 함정에서 벗어나는 지혜를 가져야 한다. 한 마디로, 보수를 극우로부터 해방시켜야 한다는 말이다. 또한 자유민주주의를 극우에서 해방시키자는 말이다. 서구 정치사회에서 말하는 보수는 '극단주의'와는 담을 쌓고 있는 개념이다. 이에 반해, 한국에서는 반세기 동안 헤게모니를 쥐고 있었던 극우 세력이 스스로 보수라 칭했고 더욱이 자유민주주의를 지킨다고 말해왔다. 그 자유민주주의란 극우가 허용되는 한에서만 적용되었을 뿐이다. (……) 그리고 『한겨레』 칼럼 「자유주의자의 책임 방기」에서 강 교수와 고종석 씨를 '보수 우익'이라고 규정했던 것은 나의 큰 실수였음을 밝힌다. 두 분께 사과드린다. 또 이 자리를 빌려 말하고 싶은 게 있다. 내가 능력의 부족함에도 김정란, 김규항, 진중권 제씨가 함께하는 잡지 『아웃사이더』의 편집진에 동참하기로 결정했던 것은 대중에 대한 계몽의 필요성과 집단주의와의 싸움에 동의했기 때문이다."[7]

그는 19세기 프랑스의 드레퓌스 사건에 대비하면서 자신을 자유민주주의의 수호자로 동일시하는 극우 세력을 분간해내고 그 대표 주자인 『조선일보』의 진지전과 기동전으로부터 대중을 '계몽'하기en-light-en 위한 지식인의 역할을 강조하고 거기에 참여할 것을 다짐한다. 하지만 저 출정식 이후 좌파가 정치 세력화되어 국회에 진출하고 운동의 이념이 현실에서 완전히 실현된 듯 보였을 때도 여전히 이 계몽은 빛을 발했을까? 한윤형의 지적처럼 '『조선일보』'와 '『조선일보』가 아닌 것' 사이의 선명한 전선에서 이 계몽은 주효했었다. 실제로 1990년대 좌파 문화 연구의 선구자였던 『문화과학』 그룹은 결국 이 연대에 참여하게 된다. 말하

---

7 홍세화, 「한국의 지식인에게 극우 『조선일보』의 진지전과 한국의 지식인」, 『인물과 사상』, 1999년 10월호. http://blog.daum.net/jangcy99/10705513에서 인용, 강조는 필자.

자면 진영 논리 너머 좌파와 자유주의 사이의 연대의 장이 열렸던 것이다. 그러나 한윤형이 세심하게 평가하듯 저 운동의 토양 위에서 탄생한 참여 정부가 운동의 동력을 모조리 흡수하고 스스로 시민운동의 역할까지 수행하기 시작한 상황을 두고 '운동의 종말 혹은 타락',[8] 즉 국가로부터 시민운동이 도주해야만 하는 필연성이 촉발되었던 계기로 봐야 하는가, 아니면 운동의 연장으로 봐야 하는가가 논란이 될 때, 그리고 2003년 송두율 사건[9]에서 그에 앞선 최장집 사건으로 선명해진 극우 헤게모니의 프레임이 그 '생산자-비판의 대상'뿐 아니라 '소비자-비판자'의 발목까지 붙잡고 말 때, '극우 헤게모니'라는 프레임 말고도 그 비판의 주요 전략이었던 '계몽(주의)'에도 그늘이 드리워지게 된다. 이른바 '깨어 있는 시민(깨시민)'이 참여하는 정부가 탄생한 것이다. 그 전까지 '과소 대표'되던 시민운동이 '과잉 대표'(서동진)되기 시작하고, 드레퓌스를 응원하던 에밀 졸라와 같은 지식인, 즉 18세기 프랑스 계몽주의자-백과전서파les philosophes의 전통을 계승하는 지식인의 권력을 압도하고 위협하는 '계몽된', 즉 '깨어 있는 시민'[10]이 탄생한 것이다.

8 한윤형, 앞의 책, 317쪽.
9 한윤형, 같은 책, 357쪽.

1998년의 계몽주의, '네 무덤에 침을 뱉으마'

이 깨시민은 여러 형태의 촛불시위를 거쳐서 한국 사회의 어엿한 정치 주체로 탄생한다. 특히 '형식적 민주주의가 작동되지 않았던' 2008년 촛불시위에서 예전의 깨시민과 앞으로 도래할 깨시민과 어울리며 촛불 정국의 스타로 등장했던 진중권에게 주목할 필요가 있다. 그의 정치적 입장이 스탈린주의(공산주의)에서 사회민주주의로, 마지막에는 탈근대주의와 자유주의로 이동했다[11]는 일반적인 견해와 달리 그의 입장이 최소한 극우(헤게모니)를 '해체'하기 위한 전략인 계몽주의와 관련해서는 일관되어 보이기 때문이다. 더군다나 최근 일베에 대해 그가 여러 번 강력하게

---

10 노무현 전 대통령의 비문에 새겨진 그의 발언, "민주주의의 최후의 보루는 깨어 있는 시민의 조직된 힘입니다"에서 파생된 표현으로 그의 추모 행사에 구호('깨어 있는 시민' '시민 민주주의')처럼 등장한다고 한다. 이 말의 최종본은 퇴임을 6개월 앞두고 제8회 노사모 총회 축하 메시지에서 전달·정리되었다고 한다(다음을 참조, "노무현 대통령 공식 홈페이지 사람 사는 세상", http://www.knowhow.kr/rmhworld/bbs/view.php?pri_no=999504392&tn=t7&wdate=&gno=0&stype=0&search_word=&page=1). 여기서 그 화용론의 추이에 주목할 필요가 있는데, 김대중 전 대통령의 표제어가 '행동하는 양심'이었던 것과 비교하면 그 차이가 더 분명해진다. '근대(가톨릭적 윤리)'와 '근대 계몽주의'로 둘의 차이는 일별될 수 있다. 앞의 것은 진영과 정파를 초월해 있는 공동의 가치다, 라는 관대한 평가와 달리 '깨어 있는 시민'은 '깨시민'으로 축약되어 주로 특정 정파와 그 정파를 지지하는 시민의 편협함, 더 극단적으로 파시스트적인 태도를 비난하는 데 사용된다.

11 노정태, 「[노정태의 논객시대] 미학자이자 논객(이었던)진중권의 책들」, 『프레시안』, 2013. 5. 24. http://www.pressian.com/article/article.asp?article_num=50130524164528&section=03.

표명한 법적인 '표현의 자유 제한'은 독일의 (네오)나치에 대한 법적인 표현 규제에 근거해서 당시의 극우 세력을 해체하던 입장과 그리 멀리 떨어져 있지 않다. 거칠게 말하자면 그의 '계몽 대 반계몽'의 도식은 '자유주의와 계몽주의의 등치', 즉 '자유주의적 계몽주의liberal enlightenment'에 가깝다.

그는 『네 무덤에 침을 뱉으마』 1권 서문에서 당시 널리 퍼지고 있던 자유주의의 분위기에서 자신이 생각하는 자유주의를 다음처럼 정의한다.

> '사상의 자유'는 양도할 수 없는 개인의 권리다. 그 어떤 대우주도 파괴할 수 없는 소우주의 절대적 권리다. 이런 전근대성이 건방을 떠는 이 땅에 난데없이 포스트모던이란 게 유행했다. 어떻게 이해해야 할까? 대체 '이성'이, '합리성'이, '주체'가 우리를 어떻게 괴롭히고, 억압하고, 구속했다는 이야기인가? '이성'이 핍박을 받은 이 사회에서 왜 하필 이성을 비판하는가? (……) 요즈음 자유주의자를 자처하는 사람이 많아졌다. '영업의 자유'를 옹호하는 틈틈이 가끔 '사상의 자유'도 함께 옹호했으면 좋겠다. (……) 하지만 내가 아는 고전적인 자유의 신조란 이런 거다. (……) '권력 앞에서 제가 가지고 있는 내심의 생각을 게워내고 심사받아야 한다는 데 동의할 수 없기 때문입니다. 제가 마음속으로 어떤 생각을 갖고 있든 그것도 나

의 자유이며, 국가권력은 간섭할 수도 없고 간섭해서도 안 됩니다.' 나는 이 말을 한 강용주가 어떤 사상을 가졌는지는 전혀 관심이 없다. 그리고 거기에 동의할 것 같지도 않다. 동의할 필요도 없다.[12]

'영업의 자유'와 '사상의 자유'를 구별하면서 그는 사상의 실정적 내용이 괄호 쳐진 형식상의 절대적 자유에 대한 지향과 보장을 고전적 의미에서 자유주의로 받아들인다. 이 저작을 시작으로 논객으로 활동하던 그는 『한겨레』와의 인터뷰에서 자신의 이념을 '사회민주주의적 좌파'라고 분명히 밝힌다. 하지만 그러한 이념을 당시의 한국 사회에 도입하고 실현하기에는 너무 이른 감이 있었기에 '사회정의를 제기하고 실현할 수 있는 정치 그룹'을 조직하는 게 더 긴박하다고 이야기한다.

> 그 책(『네 무덤에 침을 뱉으마』)에서는 사회민주주의적 태도를 취하지 않고 자유주의자의 태도를 취했습니다. 우리 사회가 공유하는 이념적 바탕이 자유민주주의잖아요. 이념과 이념을 대립시킨 것이 아니라 상식과 몰상식을 대립시킨 것이죠. 극우주의자들이 스스로를 자유민주주의자라고 주장하는데 이

---

12 진중권, 『네 무덤에 침을 뱉으마』 2권, 개마고원, 1998, 7~9쪽.

181

게 얼마나 엉터리없는 허구인지를 자유주의적 입장에서 입증
해 보인 것이죠.[13]

　개화기의 자유주의에서 시작해 '반공이라는 국시'를 거쳐
1987년 직선제 쟁취를 중심으로 다양한 진보 세력을 차별적으로
포괄했던 '자유주의적 헌정 질서의 확립'에 이르는 과정에서 볼
수 있듯이 자유주의는 '지배'의 언어인 동시에 '저항'의 언어이기
도 했다.[14] 하지만 진중권의 사상의 기원이기도 한 1980년대에 등
장한 좌파의 '과학적 변혁론'은 '민주주의의 보수화'와 연동된 자
유주의를 오직 지배의 언어로서만 배척해왔고, 이러한 좌파의 '중
산층적 급진주의'(최장집)는 1987년의 형식적 민주주의의 실현 이
후 실질적 민주주의에까지 이르는 데 장애가 되었다고 사후적으
로 평가받는다. '최대 강령주의'와 '이데올로기의 과잉' 탓에 현실
의 물적 토대와 그 대중적 기반을 상실한 '고립' 상태에서 1990년
대의 좌파는 '문화로 도망치거나'[15], 즉 '소박한 내용'조차 없는
'초월적 기표' 속으로 '탈주(민중민주계열, PD)'하거나 '지배의 언
어'인 '수령이라는 인신의 말'에 포박당해 있다(민족해방계열, NL)

13　진중권, 「인문학 데이트」, 『한겨레』, 2000. 7. 6. http://legacy.www.hani.co.kr/section-
　009049000/2000/009049000200007061922001. html, 강조는 필자.
14　문지영, 『지배와 저항: 한국 자유주의의 두 얼굴』, 후마니타스, 2011.
15　이를테면 1992년 『문화과학』의 창간은 일부 좌파의 '문화(연구)로의 전회'의 시발점으
　로 평가된다.

는 것이다.[16] 말하자면 그 두 계열은 서로 다른 정파sect처럼 보이지만 자유민주주의가 극우 헤게모니에 의해 잠식당해 있는 현실의 관점에서 보면 하나의 동전의 양면에 불과하다는 이야기다. 앞서 '극우 헤게모니'의 반-연합 전선을 구축하자던 홍세화의 선언, '보수를 극우로부터 해방시키자, 자유민주주의를 극우로부터 해방시키자'와 그 궤를 같이하고 있다. 이러한 좌파와 자유주의 연합 대 극우 헤게모니의 전선은, 문지영이 상술하듯 1980년대에 이론적·실천적 관심에서 자유민주주의보다 덜 주목받았고, 마르크스주의의 관점에서는 '부르주아계급 이데올로기'로 배척되었던 자유주의가 1990년대에는 새로운 '화두'로 등장하기 시작한 흐름의 연장에 서 있다.[17] 그렇다면 그가 기존 운동권의 언어와 그 구름 위 논리를 해체하고 난 뒤 제안하는 좌파의 현실적 역할이란 무엇일까? 바로 자유주의를 다시금 '잔재로서의 극우'에 대한 '저항'의 언어로 재정립하는 것이다. 즉, 왼편에는 자유주의를 저항의 이상이자 지향점으로, 오른편에는 '이성의 힘'을 믿는 근대적 계몽주의를 전략으로 세우고 그 둘을 절합하는articulate 것이다.

16 진중권, 「지배의 언어, 탈주의 언어」, 『당대비평』 6호, 1999년 여름호, 182~232쪽.
17 "1990년대 중반 학계의 자유주의 연구는 크게 두 가지 방향으로 전개되었다. 먼저 신자유주의적 세계화의 공세에 대한 반응으로 경제적 자유주의에 초점을 맞추는 경우다. (……) 자유주의를 주제로 하는 또 하나의 뚜렷한 연구 경향은 전통주의적인 관점, 이른바 유가적 가치관에 입각해 진행되었다." 문지영, 앞의 책, 13~14쪽, 각주 1.

'근대적 이성에 문제가 있다'에서 '고로 진리=힘'이라 추론하는 건 논리의 비약이다. 그런 추론이 가능하려면 또 하나의 대전제가, 즉 '근대적 유형의 이성이 이성의 유일한 형태'라는 대전제가 필요하다. (……) 그렇다면 차라리 그 진리치가 아직 검증되지 않은 대전제를 의심에 부치고, 19세기적 이성이 아닌 다른 유형의 이성을 찾는 게 낫지 않을까. (……) 필요한 건 현란한 레토릭이 아니라 소박한 내용이다. 버려야 할 낡은 '습속'이 '무엇'인지, 그걸 '왜' 버려야 하는지, 그걸 대체할 새 습속은 '어떤' 것인지 따져보는 것이다. 가령 우리 대한민국 국민의 머리끝부터 발끝까지 파시스트 습속에 젖어 있다. 우리 사회의 보수적 분위기를 지탱해주는 이 마이크로 파시즘을 파헤쳐 드러내고, 이를 통해 국민을 '계몽'하여 새로운 습속을 갖게 하고, 이로써 새로운 사회적 에토스를 형성하고 거기에 좌파적 특성을 각인하는 것, 정작 중요한 건 이런 게 아닐까?[18]

'대중 계몽'을 통해 새로운 '습속'을 형성시키도록 하자는 그의 제안은, '삶을 망각한' 언어라는 이유로 그에게서 비판받았던 1990년대의 이진경이 푸코를 경유한 니체 독해를 통해 '습속의 도덕'을 문제 삼기 시작하고 현실 사회주의 붕괴 이후 그를 사로

---

18 진중권, 앞의 글, 210, 220~221쪽.

잡은 문제의식, '현실 사회주의의 인민이 전혀 사회주의적이지 않다', 즉 (사회주의적) '인민의 습속'이라는 문제와 적어도 내용상으로는 구별이 힘들다. 오히려 여기서 더 주목해야 할 차이는 구체적 삶에 착근되어 있는 언어와 그렇지 못한 언어에 놓여 있는 게 아니라, '지식인의 참여와 실천의 공간'을 획득한 진중권과 그렇지 못한 이진경, 즉 '뚜렷한 실천의 장이 지식인에게 제공되지 않는 한국 사회 전체의 비극적 상황'[19]에 있는 게 아닐까? 아이러니하게도 이 차이는 '시장에 의한 이론과 실천의 물화'라는 작금의 보편화된 상황에서 사소해지고 만다. 진중권이 이해했던 고전적 자유주의, 더 정확히는 '영업의 자유'와 '사상의 자유'가 면도칼로 매끄럽게 나뉘던 두 얼굴의 자유주의가 하나로 겹쳐 보이기 시작한 것이다. 존 스튜어트 밀의 표현을 빌리자면, 각 개인에게 계몽을 강제했던 19세기 공론장으로서 상업적 시장과 여기에 기반을 둔 진보적 자유주의 혹은 '진보 상업주의'를 '국가 안보 상업주의'로 특징되던 『조선일보』조차 거리낌 없이 취할 수 있게 되는 아이러니가 발생한 것이다.[20] 더불어 공동체 사이의 상업적 교류에 기반을 둔 계몽주의와 관용주의 역시 최소한 그 전략적 측면에서 위기를 맞게 된다.[21] 서구 유럽에서 "1650년과 1700년 사이에 종교

---

19 이택광, 『한국 문화의 음란한 판타지』, 자음과모음, 2012, 335쪽.
20 강준만, 「국가안보상업주의와 진보상업주의」, 『인물과 사상』 12호, 1999년 4월호, 4~13쪽.

전쟁이 결코 재발되어서는 안 된다는 공통되면서도 다양한 의도에서 형성된 것으로 1648년 베스트팔렌조약의 정신이었던 종교전쟁 청산을 목표로 삼았던"[22] 그 계몽주의 정신이 역설적으로 자신의 적이었던 종교적 광신주의를 닮아가기 시작한 것이다.

한편으로 이 상황은 진중권이 극우 헤게모니를 해체하던 그 전략에서 이미 예고된 것이다. 그의 전략은 한마디로 '배꼽 잡는 극우 논리의 허구성 해체'[23]다. 이를테면 그가 한국의 '광신주의'를 '전근대적 멘탈리티'[24]로 진단할 때 일관되게 가져오는 척도는 서구의 '광신주의'로 다음 조건들을 충족해야만 한다.

1. 한 이상을 갖는다.

---

21 "이처럼 계몽사상의 이성과 지식의 최대의 적이 종교와 전제주의였다면 이성과 지식의 동맹자는 관용과 상업의 기술이었다. 상업은 편견을 치료해주고 물자의 교류는 지식의 교류를 촉진하여 사람들로 하여금 독립 정신과 자유 의식을 일깨워주는 동시에 국제 간의 평화를 촉진시킨다." 노명우, 『자유주의의 역사』, 책과함께, 2011, 182~183쪽.

22 John Pocock, "Enthusiasm: The Antiself of Enlightenment", *Huntington Library Quarterly*, Vol. 60, No. 1 · 2, p. 8.

23 "진지한 도덕적 선포는 극우파를 대상으로 한 싸움에는 어울리지 않아요. 극우주의자들은 그냥 미학적으로 비웃어주는 것이 권위를 무너뜨리는 가장 좋은 방식입니다. 사람들이 웃고 떠들고 하는 중에 몸속에 깃든 파시즘의 흔적들을 떨어내 버릴 수 있는 것이죠." 진중권, 「인문학 데이트」, 『한겨레』, 2000. 7. 6.

24 "광신, 무비판적, 무반성적인 믿음이라는 의미에서 나는 이를 전근대적 멘탈리티로 본다. 아직 우리 사회에는 봉건성이 남아 있는 모양이다. 종교적 정치적 광신주의가 위세를 떨치고 있는 것을 보니 말이다." 진중권, 『네 무덤에 침을 뱉으마』 2권, 262쪽.

2. 그 이상을 이데올로기와 결합시킨다.

3. 그 이상을 절대화한다.

4. 그 이상의 실현을 위해 타인과 자신의 이익까지 무시한다.[25]

 그리고 이 네 기준을 모두 충족하는 의미에서의 광신주의는 한국에 존재하지 않는다고 일갈한다. 즉, 이곳의 극우가 보이는 행태와 그 논리가 서구의 극우와 극단주의에 한참 못 미친다는 소리다. 한국 사회의 극우란 극우여서 문제가 아니라 극우의 기준에 부합하지 않기 때문에, 한마디로 '극우답지 못하기' 때문에 더 문제라는 역설이 여기서 발견된다.[26] 이 역설은 극우가 언제든 변화된 현실 속에서 정치학 개념어 사전에 등재된 '역사적 극우'의 정의를 위반하면서 특이성을 띠고 출현할 수 있다는 뜻이기도 하다.

---

25 진중권, 같은 책, 265쪽.

26 진중권의 과소나 결여 전략과 달리 고종석은 서구 관점의 극우 인종주의가 한국적 맥락의 지역주의에서 전형적으로 나타난다고 보고 그 둘을 등치시킨다. "다소 과감하게 들릴지 모르지만, 나는 『조선일보』의 극우성이 그 신문의 반공 지상주의에 있다기보다는 격렬한 지역주의(전라도 배제)에 있다고 생각한다." (고종석, 「신분제로서의 지역주의: 극우 멘탈리티의 한국적 작동 양상」, 『서얼단상』, 개마고원, 2010, 15쪽. '지역주의'를 '인종주의' 문제로 봐야 한다는 입장은 고스란히 지금의 강준만에게서 반복된다. 특히 그는 일베의 '5·18 왜곡과 전라도 문제'를 표현의 자유 문제가 아니라 지역 문제이자 인종 문제로 봐야 한다고 주장한다. "이념과 정치는 절대적인 표현의 자유를 주자. 하지만 지역 문제는 유럽으로 치면 인종 문제다." 강준만, 「[단독 인터뷰] 강준만 "법이 없어서 갑이 횡포 부리는 게 아냐…… 보수·진보 모두 기존 정치 관행 바꿔야"」, 『경향신문』, 2013. 6. 12. http://news.khan.co.kr/kh_news/khan_art_view.html?artid=201306122159291).

당시의 극우 헤게모니가 주로 최장집 마녀사냥처럼 '반공이라는 국시'와 여기에서 그 정당성을 찾는 국가보안법을 통한 '표현의 자유 제한'으로 특정되었기에 그에 반대하는 자유주의 연대가 적실하고 가능했다면, 지금 등장하는 극우의 패러다임, 즉 1987년 체제의 보수적 타협과 이후 등장한 개혁 정부 내로 소진되고 기득권처럼 비친 민주화 운동 세력에 대한 극우적 반격에는 어떤 전략으로 대처해야 할까? 특히 '일베 현상'이 '두 개의 인민'에 해당하는 산업화 세대와 민주화 세대 사이의 갈등 형태로 등장하고, 결국 "'두 개의 인민'을 그대로 둔 채 한쪽을(민주화 세대) 소멸시킴으로써 하나(산업화 세대)에 도달하고자 하는 것"[27]임에도 여전히 자유주의적 계몽주의의 전략이 유효할까? 법적 수단을 통해서 내부 소수자인 여성과 특정 지방 출신 그리고 외국인 차별에 대해 형사 처분하거나 사이트 자체를 폐쇄하는 것, 혹은 경제적 제재를 통해서 일베 사이트에 광고를 차단하거나 일베충으로 낙인찍힌 이들을 역으로 사회로부터 배제하는 것[28]에서 놓치고 있는 부분은 이러한 극우가 1990년대 후반처럼 헤게모니를 차지하고 있는 것으로 보이지 않는다는 사실이다. '지배'와 '헤게모니'의 극우 세력이

---

27 이태광, 앞의 책, 87쪽.

28 물론 홍성수의 지적처럼 무제한의 표현의 자유 보장이라는 전제에서 사회적 소수자에게 상대적으로 더 많은 자유를 보장하는 방향으로 '차별 금지법'에 대한 논의도 존재한다. 홍성수, 「[시민정치시평] 차별적 혐오 표현은 공적 개입 필요」, 『프레시안』, 2013. 8. 1. http://www.pressian.com/article/article.asp?article_num=10130801153348.

여전히 잔존하지만, 하위문화를 경유한 극우 패러다임에서는 새로운 특성 두 가지가 예전의 극우 헤게모니에 더해져 있다. 그리고 이 특이성에 주목할 필요가 있다. 하나는 자연재해나 전쟁에 준하는 사건 이후 등장했다는 점이고, 다른 하나는 바로 대문자 '팩트Fact'에 대한 신념 체계다. 앞의 것을 유럽의 계몽주의가 태동한 배경을 따라서 '지진학seismology'으로서 계몽주의와 광신주의로, 뒤의 것은 사실과 가치의 구분을 뒤섞고서 특정 사실만이 유일하게 타당함을 강요하는 '귀족적 팩트주의'로 부르고자 한다.

재해 이후의 계몽주의와 광신주의

강상중 교수는 최근 한 인터뷰[29]에서 일베로 대표되는 넷

---

29 "1997년 외환위기를 겪고, 또 이를 극복하는 과정에서 많은 한국의 젊은이는 '패전'에 가까운 감각을 집단적으로 경험한 것 같다. 세계화를 경험한 각 나라의 젊은이들로부터 공통적으로 나타나는 반항과 일탈이 바로 그것인데, 예컨대 제1차 세계대전 이후 유럽을 휩쓴 '아프레게르'와 역사적으로 유사한 지점이 있다. 당시 독일에서는 이런 분위기 속에서 등장한 히틀러 세대와 전체주의적 경향이 맞물리며 나치즘을 낳았다. 지금의 한국과 일본의 젊은이들은 하나의 정치 세력을 형성하지는 못하고 있지만, 곳곳에서 희생양을 찾는 등 상당히 공격적인 성향을 보이고 있다. 한국에서는 그 창끝이 민주화 세력을 향하고 있다면, 일본에서는 리버럴(자유주의자)로 불리는 세력과 미디어, 재일 한국인 등에게 꽂혀 있다." 「[토요판] 커버스토리 강상중 일본 세이가쿠인대 교수 인터뷰: 역류하는 한·일 역사 공통점을 말한다」, 『한겨레』, 2013. 8. 29. http://www.hani.co.kr/arti/politics/politics_general/599036.html.

우익과 거리로 나온 일본 재특회의 공통적인 기원을 일종의 '패전'에 가까운 집단적 경험에서 찾는다. 한국의 경우는 1997년의 외환위기가 그 집단적 재난에 해당할 테다. 이 위기를 극복하는 도중에 출범해서 신자유주의 개혁을 단행했던 두 번의 민주화 세대의 정부가 일베에서 비난과 조롱의 대상이 되고 있는 것도 이와 무관하지 않을 것이다. 그리고 일본에서는 넷우익이 출현한 계기를 1980년대의 버블 붕괴로 시작된 장기 불황으로 볼 수 있다. 여기에 2011년 후쿠시마 원전 사태도 그 폭발적인 급증의 촉매로 작용했을 것이다.

이러한 '재해 이후'의 유토피아적·디스토피아적 전망 혹은 현재의 위기를 재해나 재난으로 소급하는 태도와 관련해서 가라타니 고진은 흥미로운 이야기를 들려준다. 『자연과 인간』에 후술하고 있듯 후쿠시마 사태 직후 그는 애초에 그 재난으로 말미암아 원자처럼 흩어지고 고립되어 있던 개인들을 이타적으로 결합시키는 '재해 유토피아'(레베카 솔닛)의 공간이 열릴 것이라 전망했었다. 그러나 "원전 재해는 사람들을 결합시키기보다는 분리"[30]시키기 때문에 재해 유토피아 대신 데모를 수단만이 아니라 목적으로 여기는 '데모를 하는 사회', 즉 탈원전 투쟁이 결국에는 "원전을 만드는 자본=국가가 구축해온 체제를 탈구축할 것"으로 내다보는

---

30 가라타니 고진, 『자연과 인간』, 조영일 옮김, 도서출판 b, 2013, 39~40쪽.

관점으로 변경한다. 그의 교환 양식에 따르면 자연재해나 인재 후에, 더 정확히는 '자본＝국가'가 그러한 위기관리에 능숙하지 못할 때 교환 양식 A에 해당하는 '호수적互酬的 증여'가 네이션에 준하는 이름으로 강박적으로 귀환하게 된다는 이야기다. 단적으로 말해서 위기가 곧 기회가 될 수 있다는 이러한 전망에는 기존의 습속이 외부의 자극으로 뒤흔들리고 그럼으로써 거기에서 벗어나 새로운 습속을 가지게 된다는 계몽주의적 신념이 내재해 있다. 지금까지 국가와 자본에 맡겨두었던 '안전한 원전'이라는 미몽에서 벗어나 그 안전한 관리의 불가능성을 대중이 '깨닫게enlighten' 되었다는 것이다.

예컨대 전후 독일을 비롯한 유럽에서 국가에 의한 강탈과 자본의 시장을 통한 교환 사이의 결탁에 기반을 둔 '제국주의＝자본주의'에 대한 반발로 경제적인 차원에서 가장 급진적인 프로이센 사회주의인 '민족적/종족적 사회주의völkischer Sozialismus'와 나치즘, 즉 '국가/국민사회주의Nationalsozialismus'는 공통적으로 '네이션에 의해 국가와 자본을 넘어서려는 대항 혁명'에 해당한다. 흔히 20세기의 '보수 혁명'으로 특징되는 이러한 흐름의 대표적 인물로 『서구의 몰락』을 저술한 청년 보수주의자로 분류되는 오스발트 슈펭글러가 있다. 그가 천명했던 '민족/종족 사회주의'에서 '민족/종족Volk'이란 나치즘의 '국가/국민사회주의'에서의 '국민Nation'과 달리 아리아인이라는 인종적 의미 대신에 영국식 자본주의에 대한 대안

경제체제를 가리킨다. 사회주의에 내재한 평등의 의미를 호수적 증여에 기반한 네이션에 상상적으로나마 장소화했던 게 일면 형용모순처럼 보이는 '민족/종족 사회주의'인 것이다. 여기서 사회주의적 '계급투쟁'이란 영국식 자본주의와 프로이센 사회주의 사이의 투쟁으로 변모하게 된다.[31]

이 전략이 다분히 사변적이기는 했지만 19세기의 자본과 국가의 결탁에 기반을 둔 제국주의와 그에서 비롯한 전쟁을 극복하려는 시도로 '사회주의적 평등'이 유럽 정치의 전면에 등장했고 이것이 당시의 일반적인 흐름이었다는 점은 부정할 수 없다. 셰리버먼[32]이 지적하듯이 '민족적 사회주의'와 '파시즘 혹은 나치즘'의 기획의 급진적 경제주의에는 공통적으로 19세기 헤게모니 이념이었던 자유주의와 마르크스주의를 낡은 것으로 지양하려는 유토피아적 시도가 내재해 있었다는 사실에 주목할 필요가 있다. 자유주의의 경제 이념인 자본주의의 소유관계와 국가에 의한 소유

---

31 "부르주아와 프롤레타리아트의 투쟁은 약탈자와 피약탈자라는 바이킹적 사고를 표현한 것이며 혁명이란 양자의 관계를 전도시킨 것에 불과하다. 부르주아 재산의 몰수란 노동을 단지 부를 위한 수단으로 여기는 부르주아적 이기주의를 노동자들에게 전이한 것이며 이는 노동을 '의무'로 이해하는 프로이센적 가치와는 동떨어진 것이다. 이런 의미에서 마르크스주의란 '노동자들의 자본주의'라는 것이다. 노동자는 '마르크스주의자가 되기를 중단하면서부터 비로소 사회주의자가 되기 시작한다." 전진성, 『보수 혁명』, 책세상, 2001, 94쪽.

32 이 두 급진적 기획을 민주주의의 틀거리에서 '수정'한 사회민주주의의 실험도 20세기 '계몽주의적 기획'과 그 궤를 같이하고 있다. 셰리 버먼, 『정치가 우선한다』, 김유진 옮김, 후마니타스, 2010, 특히 4장과 6장 참조.

권의 폐지와 개인 재산의 몰수 대신에 제3의 길을 상상적으로 회복한 네이션에 기대어 모색하려는 시도 말이다.

이러한 '재해 유토피아/디스토피아'의 기원은 유럽에서 계몽주의를 태동하게 하는 데 결정적인 역할을 한 1755년 리스본의 대지진이다.[33] 이 대지진 이후 계몽주의는 신이 만든 이 세계를 완벽한 것으로 변호하려는 신에 대한 변신론, 즉 라이프니츠식의 '변신론'의 미몽에서 대중을 벗어나도록 만드는 일관된 시도로 자신을 특징짓게 된다. 대표적으로 볼테르는 「리스본 재앙에 대하여」라는 시에서 이러한 입장을 분명하게 표명한다. 대지진의 재앙을 근거로 "존재하는 모든 것은 옳다"라는 라이프니츠의 막연한 낙관주의와 신정론을 비판하고 비판적인 체념의 태도를 드러낸다.

> 라이프니츠는 가르쳐줄 수 없으리.
> 가장 지혜로운 섭리에 따라 움직인다는 이 세상에서
> 혼란이 사라지지 않고, 고통이 끊이지 않으며
> 우리의 공허한 쾌락 속에 진정한 고통이 함께하는 이유를.[34]

볼테르의 비관주의와 대조적으로 그에게 보내는 서신에서 또

---

33 리스본 대지진과 계몽주의의 관계에 대해서는 다음을 참조. 니콜라스 시라디, 『운명의 날: 유럽의 근대화를 꽃피운 1755년 리스본 대지진』, 강경이 옮김, 에코의서재, 2009.
34 볼테르, 「리스본 재앙에 대하여」, 같은 책, 148~149쪽에서 재인용.

다른 계몽주의자 루소는 최초로 재앙을 '사회과학적 관점'에서 해석한다. 즉, 지진 자체에 대한 견해보다 그런 대규모 피해가 발생할 수밖에 없었던 이유를 분석한다. "6, 7층 건물을 2만여 채나 건축한 것은 자연이 아닙니다. 리스본 주민들이 그렇게 밀집된 지역에 살지 않고 넓은 지역에 고루 퍼져 살았더라면 지진 피해는 훨씬 덜하거나 거의 없었을 것입니다."[35]

종교적 맹신과 원죄 의식으로부터 인간을 해방시키고 서두에서 묘사한 광신주의자처럼 그러한 이들에 대해 불관용의 태도를 고수했던 볼테르식의 계몽주의와 (불)관용주의, 그리고 인간의 이성과 지식의 바탕 위에 '시민 종교'라는 이름으로 '초합리성' 혹은 '합리성을 초과하는 합리성'에 해당하는 보편성과 총체성의 자리를, 예컨대 '인간은 평등해야 한다'는 당위의 실현을 인민의 일반 의지에 구현하려 한 루소식의 계몽주의, 그 시작은 같지만 결과는 너무나도 다른 이 두 계열의 계몽주의는 이후 유럽의 근대 정치체제를 규정 짓는 유토피아적 기획에 대한 상반하는 평가에까지 면면히 이어진다.

예를 들어 진중권의 자유주의적 계몽주의와 가장 근접해 있는 이사야 벌린의 '반계몽주의' 비판은 우파적 극단주의의 사례인 나치즘과 좌파적 극단주의인 볼셰비즘에 대한 반발 속에서 그 기원

---

35 니콜라스 시라디, 앞의 책, 149~150쪽.

을 독일의 낭만주의 운동에서 찾으려는 시도였다. 독일 낭만주의 대 프랑스 계몽주의라는 선명한 도식이 암시하듯 그는 18·19세기의 독일의 반계몽주의 운동, 즉 (보수적) 낭만주의 운동이란 우월한 프랑스의 계몽주의 전통에 대한 독일 민족의 열등감의 구현에 불과했다고 해석한다. 마치 칸트가 순수이성의 한계를 긋고자 했듯이 벌린은 계몽주의와 반계몽주의를 구별함으로써 유럽의 계몽주의 전통을 계승하려고 한다. 여기서 불순한 요소들을 제거하고 순수한 계몽주의적 요소만을 추출하는 것은 필연적이다. 이런 이유 탓에 벌린은 광신주의를 단순히 소수에 국한한 '탈선'에 불과했다고 일갈한다.[36] 계몽이라는 '탈주술화'가 완전히 실현되었음에도 역설적으로 재앙의 상태(나치즘)에 빠지고 말았다는 전언(『계몽의 변증법』)으로부터 '계몽주의 기획'을 구출하려는 것이다.

이와 닮았지만 모든 종류의 계몽주의 기획을 포기한다는 점에서 구별되는 관점도 존재한다. 바로 존 그레이의 계몽주의에 대한 태도다.[37] 그는 진중권이나 벌린과 달리 저 프랑크푸르트 1세대의 입장을 전면적으로 받아들이고 계몽주의에서 자유주의를 분리

---

36 "고전주의 시대의 프랑스에도 모든 종류의 탈선이 존재했으니 단적으로 정적주의자와 광신도들, 곧 발작적이거나 황홀경에 빠지는 성향의 사람들이 있었다. (……) 포플리기나 부인도 삶이 아무런 의미도, 아무런 목적도 없다고 느껴 창밖으로 몸을 던져버리고 싶다고 말했다. 그러나 이런 사람들은 상대적으로 소수였다." 이사야 벌린, 『낭만주의의 뿌리』, 강유원 옮김, 이제이북스, 2005, 53~54쪽.
37 존 그레이, 『추악한 동맹』, 추선영 옮김, 이후, 2011.

해낸다. 계몽주의, 더 정확히 계몽주의 기획이란 좌·우파적 지향점을 막론하고 서구 유럽의 역사에서 재앙을 불러일으킨 원흉이라고 단언한다. 예컨대 슬라보예 지젝이 나치즘과 볼셰비키즘 혹은 스탈린주의를 구분하면서 앞의 것은 뒤의 것과 달리 반계몽주의로 일관했다고 말하는 자리에서 그레이는 둘 다 정치 이념과 무관하게 보편성과 총체성을 지향하는 계몽주의, 더 거슬러 올라가 세속화된 기독교 종말론의 산물이었다고 주장하면서 둘의 차이를 지운다.

이처럼 재해에 대한 대처에서 시작된 계몽주의와 거기에 내재한 역설은[38] 진보에 대한 좌파적 신념이 포기되고 오히려 그러한 신념을 우파에서 전략적으로 취하거나, 더 과장해서 말해 "계몽주의가 더 이상 '좌파'와 '우파'를 가르는 면도칼이 아니게"[39] 된 상황에서, 즉 좌·우파의 구별과 대립이 유명무실해진 상황에서 더 극대화되어 나타난다. 안티조선운동에서 주효했던 극우 헤게모니와 극우적 습속으로부터의 계몽과 해방의 전략이 일베라는 극우 패러다임에 대해서는 그 효과를 잃어버리게 된 근거도 하나둘씩 확인되는 계몽주의의 한계와 거기에 내재한 역설에서 찾을 수 있는

---

38 이는 '세월호 사건'이라는 국가 재난의 진실과 실체를 인식하려는 충동인 숱한 음모론과 비평이 공히 자리한 지점이기도 하다.

39 Stephen Eric Bronner, *Reclaiming the Enlightenment: Toward a Politics of Radical Enlightenment*, NY: Columbia University Press, 2006; 프랭크 푸레디, 『공포 정치』, 박형식·박형진 옮김, 이학사, 2013, 90쪽에서 재인용.

것이다. '포스트 계몽주의'로 부를 수 있을 이 상황에 대해서는 마지막에 다시 다루기로 하고, 그 전에 먼저 극우 패러다임에 새로 덧붙여진 '사실의 신념화 체계로서 팩트주의'를 일베를 중심으로 분석할 것이다. '사변' 대신에 '사실'을 수집하라고 명령하던 영국 계몽주의, 즉 경험주의의 대표자인 프랜시스 베이컨은 프랑스 계몽주의의 숨겨진 기원인 동시에 일베가 역사적 가치나 민주적 가치에 대해 문제를 제기하는 방식에서 이러한 베이컨류의 경험주의적 과학의 태도에 대한 엇비슷한 추동을 발견할 수 있기 때문이다. 한마디로 일베가 계몽주의의 극우적 변종일 수 있다는 이야기이다.

극우적 '팩트주의' 혹은 '귀족적' 팩트주의?

알래스데어 매킨타이어[40]에 따르면 '계몽주의 기획'이란 판단과 행동의 규준이 되는 도덕을 합리적으로 정초하고 정당화하려는 시도다. 즉, '좋은 삶'의 내용에 대한 아리스토텔레스적인

---

40 알래스데어 매킨타이어, 『덕의 상실』, 이진우 옮김, 문예출판사, 1997.

덕^{virtue, arté}[41]이 근대에 이르러 붕괴되고, 이에 따라 각 시민의 역할로 주어진 덕 대신에 각자의 자율 의지(칸트)에서 잃어버린 덕의 근거를 찾으려는 필연적 시도를 곧 계몽주의 기획으로 보는 것이다. 그러다가 니체의 『도덕의 계보학』에 이르러 18세기 '자율적 도덕 주체'가 하나의 환상이자 허구였음이 논박되면서 이 기획 자체가 실패했음이 입증되었다. 그리고 이제 남은 선택지는 아리스토텔레스의 길, '시민적 덕성으로 돌아가거나' 니체의 길, '(힘에의) 의지 활동을 동력으로 삼는 자율적 도덕 주체의 함양', 이 두 가지이다.

매킨타이어의 분석이 일베의 팩트주의, 더 거슬러 올라가 '사실의 당파성' 혹은 '사실의 신념화'와 관련해 시사하는 바는 객관적 사실로 추동하게끔 만드는 '극우적' 충동이 어떤 종류의 것인가, 하는 점이다. '사실'은 "현대 문화에서 귀족적 기원을 가진 대중 개념이다"[42]라는 매킨타이어의 정의에 기대어 이렇게 말해볼 수 있겠다. 민주화가 이룩한 가치 체계의 정당화를 일종의 민주화 세력

---

41 아리스토텔레스는 아테네 시민사회의 공론장에서 맡은 각자의 역할에 충실하여 최선을 다하는 것을 아르테로 표현하고 이것을 시민이 갖춰야만 하는 덕으로 정립한다. 더 흥미로운 점은 요즘 유행하는 '자기 계발하는 주체'에서 강조되는 '탁월함^{excellence}' 혹은 '잘남'이 바로 이 아르테와 어원을 같이한다는 사실이다. 위르겐 하버마스가 지적하듯이 이 아르테가 전적으로 비록 자기과시의 성격을 지녔다 하더라도 일관되게 공론장에 속해 있었다면, 지금 이곳의 탁월함과 잘남은 공론장이 아닌, 혹은 사적인 자기 계발의 영역이 유일하게 공적 관심이 되어버린 곳에서만 유통되고 있다.

42 알래스데어 매킨타이어, 같은 책, 125쪽.

의 권력의지로 보고 이 비판의 근거로 일베가 기대고 있는 특정 전문가가 수집한 '경험주의적 사실'이란 인민적이거나 대중적인 평등주의에 대한 의지의 표현인 동시에, 특정 사실에 접근할 수 있는 소수의 권위와 사실 증명에 근거로 동원되는 유사 과학의 권위에서 볼 수 있듯이 사실에 남아 있는 '귀족적 기원'을 회복하려는 충동이라고 말이다. 즉, '고급 정보에 접근할 수 있는 누군가가 존재하고 그 정보에 대한 대중의 앎의 의지 또한 존재한다'는 가정으로 말이다. 물론 여기서 '귀족적 기원'이란 "인간에게 좋은 삶에 관한 물음들 또는 인간 삶의 목표들이 공공적 관점에 의해 체계적으로 해결될 수"[43] 있었던, 즉 각자 맡은 시민의 역할을 탁월하게 수행해내는 것이 곧 시민의 덕목이었던 시절일 것이다. 이 시절이 한국의 맥락에서는 '완전고용'의 신화가 지배하던 '산업화 시대'로 표상되는 게 아닐까?

여기서 일베는 이제 계몽주의 기획이 실패한 어떤 지점에 들어서게 된다. 혹자는 이 '팩트주의'를 '사신事信주의'로 부르기도 한다. 즉 "그들이 진실, 정확하게는 '사실'을 소유하고 있다는 '신념'과 결부"[44]해 있다는 의미에서 말이다. MBC 「100분토론」에서 '미디어 리서치' 대표인 변희재가 '광주민주항쟁'을 '광주사태'로 부

---

43 알래스데어 매킨타이어, 같은 책, 180쪽.
44 트위터 hors*****@trans*********, 2013. 6. 17.

르면서 그 근거로 미국에서 역사학 박사 학위를 받은 이의 논문에 담겨 있는 '사실들'을 언급할 때 이 신념 체계는 고스란히 반복된다.

흥미로운 것은 그들이 주장을 전개할 때, 'fact'를 '사실'로 번역하지 않고 대문자 '팩트Fact'로 그 포문을 연다는 점이다. 물론 이 팩트의 대문자화 또는 대문자 팩트에 관해 정신분석학적인 해석을 펼쳐볼 수 있을 것이다. 이를테면 멜랑콜리의 경우에서처럼 오랫동안 믿거나 사랑해온 대상이나 가치를 잃어버렸을 때, 이 상실감과 그 표상은 무의식의 차원에 대문자로 기입되어 차후의 욕망을 유발하는 원인처럼 기능하게 된다는 식의 해석 말이다. 즉, 겉보기에는 '팩트'로 특정 사건의 진위 여부를 밝히고 규명하려는 제스처를 취하는 듯 보이지만, 실상은 이 '팩트'라는 대문자의 사용 자체가 어떤 상실을 재현하고 있다는 이야기가 된다. 더 나아가 이 상실의 대상이 전혀 사적이거나 개인적이지 않고 어떤 공통성과 집단성을 획득하고 있다고 볼 수 있는 것이다. 말하자면 그들은 집단적으로 뭔가를 상실했음을 호소하고 있는 셈이다.

보통 무의식은 역사를 가지지 않는다고 이야기되고 이를 다루는 정신분석학적 해석의 임의성이 지적되기 때문에, 그리고 집단적무의식이 암암리에 노출하고 있는 실재가 이 논의의 관심사는 아니기에, 여기서 이 상실된 공통 대상이 무엇인지를 밝혀내기보다는 오히려 이 '팩트주의'의 전사前史를 살펴보는 게 논의를 진전

시키는 데 유용할 것 같다.

우연의 일치인지 모르겠지만,『창작과 비평』2013년 여름호에서는「작가들이 만난 현실」이라는 제목의 좌담이 실렸다. 같은 호에 실린「루카치의 장편소설론의 역사성과 현재성」(김경식)과 더불어 '리얼리즘 대 모더니즘' 또는 '참여시 대 순수시'의 해묵은 논쟁을 꺼내놓는 것처럼 보이는 이 좌담의 제목은 2008년 촛불시위와 용산 철거민들의 죽음으로 촉발되었던 '문학과 정치' 또는 '시와 정치' 문제를 다시금 소환한다. 특히, "시인(작가)의 자리와 시민의 자리가 마주치는"(진은영) 장소인 '현실'이 무엇인지에 관해 르포 작가 정지아는 다음처럼 이야기한다.

> 예전 같으면 삐라나 선전물이 했을 일을 SNS를 통해 각자 하고 있기 때문에 문학에 요구되던 긴박한 선전의 요구는 사라져버린 게 아닌가 싶어요. 어떤 면에서 르포조차 (……) 아직 미적 구체화가 되기 전의 현실을 SNS보다 좀 더 깊게 쓰는 정도 (……).[45]

이 진술에는 문학이 마주한 현실과 관련해 흥미로운 대립 항을 발견할 수 있다. '르포-팩트/현실 대 미적 구체화-판타지'라는 도

---

45 손홍규 외,「작가들이 만난 현실」,『창작과 비평』, 2013년 여름호, 286쪽.

식. 이를테면, 우리 편 셀러브리티였던 공지영의 『의자놀이』 논란에서 상대적으로 간과되었던, 순수한 현실 자체(의 진위 여부)보다도 그 현실에 대한 미적 구체화나 재현의 문제를 정지아의 진술은 건드리고 있는 셈이다. 심지어 르포조차 그런 재현에서 자유롭지 못하다! 더구나 좌담에 참석했던 정홍수의 지적처럼 이제 루카치식의 총체성이나 전형성으로서의 현실과 팩트가 불가능해졌다는 것을 받아들인다면, 이제 유일한 현실이나 대문자 현실, 혹은 팩트가 아니라, 진영 논리나 '우리 편 전문가'에 의해 구성되고 말 그대로 정치투쟁의 대상이 된 현실과 팩트가 담론의 장에 들어서게 된다. 말하자면 '팩트의 가치화나 그 당파성'이 전면화된 것이다.

그래서 이 지점에서 상대적으로 (미학적) 재현과 수용의 격차나 시차가 큰 (문학)작가가 만난 현실보다 오히려 영화감독과 대중이 거의 동시적으로 만나는 현실을 살펴볼 필요가 있다. 최근에 뚜렷하게 등장한 정치사회학적으로 영화를 평가하는 일련의 경향, 예컨대 영화 〈도가니〉로 촉발된 도가니법 제정[46]과 지난 대선을 겨냥하고 무리하게 개봉한 〈26년〉까지 '정치 영화'의 동력은 장 뤽 고다르의 말처럼 '영화를 정치적으로 만드는 방식'의 문제가 아니라 '정치적 현실을 그대로 재현(재연에 가까운)'하는 데 있었다. 이

---

46 이를 두고 한 영화평론가는 앞으로 사회문제를 쟁점화하고 해결하기 위해서는 그 문제를 영화화해야만 할 거라고 냉소적으로 비판한 바 있다.

흐름의 한복판에 바로 영화 〈부러진 화살〉이 있다.

이 영화는 최소한 박근혜 체제가 등장하기 이전의 한국 사회에서 '정치적인 것'[47]을 구성하는 하나의 지배적인 경향을 적나라하게 보여준다. 이 상황을 예견하듯, 『어떤 민주주의인가』[48]에서 최장집 교수는 사법부의 법적 판단에 근거해 '더 많은 민주주의'를 요구하는 것에 우려를 표하며 비판했다. 사법부는 입법부나 행정부의 수장과 달리 인민의 의지를 통해서 선출된 기관이 아니기 때문이다. 그러나 최근의 법적 판단을 둘러싸고 사법부를 인민의 의지로 재구축하려는 주장이 출현하기 시작했다. 그리고 〈부러진 화살〉은 이러한 일반의지와 분노를 재확인하는 것에 불과했던 셈이다. 이 영화의 실제 주인공이기도 한 김명호 교수는 어느 인터뷰에서 이 일반의지를 정확히 '대표'하고 있다.

> 법원장급 이상, 검사장급 이상, 헌법재판관은 국민의 선거로 뽑아야 하고, 판사들이 법을 위반해 재판 결과에 결정적 영향을 미치는 일이 없도록 이를 감시하고 통제하는 기구가 있어야 한다고 생각합니다.[49]

---

47 영화평론가 정성일은 이 영화의 목표를 단적으로 표현했다. "그렇다면 정지영의 진정한 목표는 무엇인가? 물론 '정치적인 것'의 회복이다.", 「'부러진 화살'의 과녁」, 『경향신문』, 2012. 1. 29. http://news.khan.co.kr/kh_news/khan_art_view.html?artid= 201201292114525&.

48 최장집 외, 『어떤 민주주의인가』, 후마니타스, 2007.

즉, 법적 판단의 객관성에 대한 검토가 '더 많은 민주주의'에 대한 요구로 전유되고 있는 것이다. 이 과정에서 도가니법과 〈부러진 화살〉처럼 소설적·영화적 허구 혹은 재현이라는 형식논리상의 문제가 끼어들기는 하지만, 더 핵심적인 문제는 이택광이 지적했던 것처럼, '팩트'와 '픽션'의 관계가 아니라, 객관성이 동시에 윤리, 정치적 갈등을 유발하는 규범이라는 사실에 있다.[50]

말하자면, 법적 판단의 객관성이 법적 실증성이 아니라(여기서 김명호 교수의 자력구제에 대한 법적 판단은 괄호 쳐진다) 오히려 평등주의적인 자연법 혹은 자연권적인 인민의 의지가 얼마나 반영이 되었는가로 판단되는 것이다. 더 나아가 이 객관성에 대한 찬반 여부에 따라서 적과 동지의 정치적 전선은 절대적으로 나뉜다. 법적 판단에서 출발하면서도 그 판단의 실증성을 초과하여 더 많은 민주주의에 대한 요구까지 나아가는 이러한 현상은 냉전 시대에 카를 슈미트가 우려했던 '적의 도덕적 절대화'와 전쟁에서의 '적의 절멸'과 많은 부분에서 닮았다.

49 「단독 인터뷰 '부러진 화살' 김명호 교수 "재판관 태도? 실제가 영화보다 심해"」,『경향신문』, 2012. 1. 27. http://news.khan.co.kr/kh_news/khan_art_view.html?artid=201201261621211&code=100203, 강조는 필자.

50 이택광,「부러진 화살」, wallflower.egloos.com/3797358; 이택광,「지금 우리에게 필요한 것」,『국제신문』, 2012. 1. 25. http://www.kookje.co.kr/news2011/asp/newsbody.asp?code=1700&key=20120126.22027194444.

국가 시대의 초기에 '침묵하라Silete!'라고 말했던 거만한 자의 식은 국가 시대 말기의 법학자들에게서는 많이 사라졌다. 오늘날의 많은 법학자들은 도덕신학적인 자연법이나 심지어는 가치철학적인 일반 법칙에 의거하여 자기주장의 품격을 높이려고 노력한다. 19세기의 법실증주의는 더 이상 충분하지 못하며, 또한 고전적인 합법성의 개념은 명백히 남용되고 있다. 공법학자는ㅡ한편으로는 신학이나 철학에 대하여, 다른 한편으로는 사회적·기술적 적용에 대하여ㅡ자신들이 방어적인 중간 입장에 있다고 본다. (······) 어떤 언명을 나타낸 진정한 원문에 대한 정당한 관심은 여전히 훨씬 학문 외적인 영역, 즉 일간지나 공적인 대중매체에 속하는 것으로 취급된다. 이러한 영역에서는 모든 것이 일상적인 정치투쟁이나 소비를 위한 현안 목적에 적합하게 된다. 여기서 학문적으로 엄밀한 개념 정의를 위한 노력은 그저 부조리할 뿐이다. 이와 같은 환경 속에서는 사람들은 어떤 개념 영역을 처음에 조심스럽게 검토하여 본 다음에 단순한 표어를 만들어냈다. 이른바 '동지와 적의 이론Freund-Feind-Theorie'이 그것인데, 사람들은 이 이론에 대해서는 단지 들어서 알 뿐이며 상대방을 억지로 이 이론에 끼워 맞추곤 한다.[51]

51 카를 슈미트, 『정치적인 것의 개념』, 정태호 옮김, 살림, 2012, 24~25쪽, 강조는 필자.

지금 이곳에서 '정치적인 것'은, 언제부턴가 정치적 판단과 결정의 최고 주권자로 호명되는 헌법재판소의 법적 판단과 규정에 의존하지만, 역설적으로 법적 판단의 객관성을 문제 삼으면서 그 판단 너머 '더 많은 평등'의 요구와 '더 많은 민주주의'의 요구를 동시에 관철시키는 과정에서 구성되고 있다. 그리고 이 과정에서 적과 동지를 절대적으로 나누는 진영 논리가 그 정당성을 획득하게 된다. 그러나 외관상으로는 그 판단의 내용과 상관없이 반사법부적인 (중성적인) 분노의 형태로 출현하기 때문에 그 분노는 각 진영 논리를 넘어서서 그것들을 은폐하는 것처럼 보이기도 한다.

　이 과정에서 공정하고 객관적인 판단을 해야 하는 주체로 호명되는 사법부는 그 객관성의 불가능성, 더 정확히는 '사실의 당파성'이라는 차원을 드러내는 하나의 구실에 불과하다. 즉, 객관성이 각 진영에 의해 대변되는 규범성으로 변모하는 데서 '사실'과 '가치'의 구별이 뒤엉키고 의미 없게 되고 마는(레오 스트라우스) 지배적인 정치 현상(레오 스트라우스), 그리고 사실과 가치의 거리가 사라진 그 숨 막히는 '절대적 적대'라는 환상을 견디어내기 위한 공공의 '진공 공간'에 사법부가 호출된 것에 불과하다.

　마치 자신의 추종자들에게 사변이 아니라 사실을 '수집품'처럼 수집해 오라고 명령하는 대법관 베이컨처럼 인민의 의지는 오직 역설적으로 그들을 지도자로 치켜세워줄 수 있는 권위자, 즉 '우리 편 전문가'(한윤형)나 우리 편 셀러브리티가 반드시 필요한 것이다. 이를테면 변희재는 최근에 근대적 분과 학문 지식을 획득하고 인준받은 이러한 권위의 '신비로운 토대'에 계속해서 딴죽을 건다. 외국에서 인정받은 학위와 그 학위의 근거가 되는 논문의 표절 여부가 그의 주 관심사처럼 보인다. 하지만 이것이 서구의 근대 학문 전체에 대한 반발, 즉 반근대주의적 태도를 표방하고 있을까? 그가 표절 여부에 대한 판단을 다시금 또 다른 서구 근대 학문의 권위(이를테면 '러시아어/문학 전공자')에 기대는 것을 보면 그의 비판 또한 근대 학문의 틀, 더 정확히는 근대 학문의 태동 때부터 '과도한 추상화에 대한 충동'인 사변을 '탈선'이자 '정신적 질환', 즉 '광신'으로 배제했던[52] 경험주의적 합리성과 사실에 남아 있는 권위와 사실의 객관성의 등치 내에서 이루어지는 것처럼 보인다. 사실에 대한 특권을 누리고 있는 어떤 전문가적 권위가 불합리하다고 느끼면서 계속 다른 권위를 찾아 대립시키는 방식으로 말이다. 이러한 객관적 사실에 대한 충동을 '귀족적 팩트주의'로 명명할 수 있는 이유가 여기에 있다.

이렇듯 '팩트'를 인민의 의지가 구현된 자연법(권)의 차원에까지 격상시키는 '팩트주의', 또는 '팩트'가 곧 가치판단의 근거가 아니라 절대적인 '가치'로 환원되는 이러한 팩트에 대한 물신은 일

---

52 흥미롭게도 자크 라캉은 정신병에 관한 세미나에서 칸트의 전비판기 논문 중 하나를 유럽에서 최초로 정신병을 철학적으로 다룬 저작으로 평가하고 있다.

베에서 고스란히 반복되고 있다. 다만 그 척도의 대상이 사법부라는 폐쇄적인 엘리트 집단에서 민주화 세대로 옮겨 갔을 뿐이다.

극우와 계몽은 어디로?

안티조선운동에서 확인되듯 계몽주의를 접근하는 방법 혹은 계몽주의를 표명하는 방식은 계몽주의의 반동reaction 혹은 '반-자기anti-self'[53]에 해당하는 '극우' 헤게모니를 역으로 규정하고 거기에 개입하는 도중에 정해졌다. 여기서 극우는 필연적으로 '반-계몽counter-enlightenment'의 자리에 들어설 수밖에 없었다. 1990년대 자유주의 담론이 번성했으면서도 이를 위협하는 극우 세력의 성격을 규정하는 담론이 상대적으로 드물었던 것도 바로 이런 이유 탓일 것이다. 계몽주의란 민주화 과정에서 이미 합의된 신념 체계와도 같았다. 즉, '근대주의'와 동의어였다. 다만 계몽주의의 발원지와 차이가 있다면 좌파와 진보의 미래에 대한 신념으로 그치지 않고 '성장'과 '선진화'의 표제어 아래 우파의 주요 전략이기도 했다는 사실이다. 이렇게 구별해 말해보자. 19세기 유럽의 좌·우파를 구분하던 계몽주의가 이제는 양 진영에서 공통적으로

---

53 John Pocock, 앞의 글.

'계몽주의 기획'이라는 표제어로 비판의 집중포화를 받고 있다면, 이곳에서 계몽주의란 애초에 좌·우파 진영 논리 너머에 있었다고 말이다. 17세기 관용의 도시였던 네덜란드를 예로 들면서 계몽과 관용이 공동체 사이 자율적 교환과 교류가 일어나는 상업 시장과 밀접하게 관련 맺고 있었다는 지적처럼, '국가 안보 상업주의'의 맞짝이었던 '진보 상업주의'가 입증했던 것은 이곳의 계몽주의란 사실 상상적이나마 공론장으로 기능했던 상업 시장과 긴밀하게 연결되어 있었다는 속사정이다. 즉, 파시스트 습속에 젖어 있는 대중을 일깨우고, 보수와 자유민주주의를 극우로부터 해방시키는 것, 이른바 한국에서의 '계몽주의 기획'이란 결국 역설적으로 『조선일보』로 대표되는 '극우 상업주의'와 지식인 권력의 창출을 동시에 도모했던 '진보 상업주의' 사이 '사상의 내수 시장'을 둘러싸고 벌어진 투쟁으로 귀결되었다고 볼 수 있다.

그러나 안티조선운동의 이념이 현실 정치에서 완벽하게 실현되는 것처럼 보였을 때, 즉 '완전히 계몽된 세상'을 목격하게 될 때, 거기에 세워진 '깨어 있는 시민의 민주주의'에 대한 반성이 이루어지고 더 나아가 '깨시민'이 무례한 태도에 비쳐 식별될 따름인 피아 구분의 용도로만 사용되기 시작할 때, 이 계몽주의 기획은 '극단주의'나 극우 못지않게 공동의 적으로 가치 절하되기에 이른다.

계몽주의의 '전락'은 20세기를 '극단의 시대'(에릭 홉스봄)나 '실재에의 열정'(알랭 바디우)이 극단적으로 표출되던 시대로 규정하면서 보편성과 총체성에 대한 광신, 즉 유토피아적 이념을 경험에서 확인하고 실현하려는 극단주의로 비난했던 유럽의 '냉전 철학'이나 '반-전체주의적 담론'과도 많은 부분에서 닮았다. 두 차례의 세계대전에서 파시즘과 나치즘으로 우파적 계몽주의 기획의 비참함을 목격하고, 이어지는 냉전 시대에는 좌파적 계몽주의 기획의 실상을 굴락Gulag과 수용소에서 확인하고 문화로 도망친 좌파가 1980년대 '문화 전쟁'에서 승리했고, 여기서 패배한 우파는 문화적 다양성과 같은 좌파적 관념 대신에 신자유주의의 급진성을 대리 보충할 수 있는 가족과 섹슈얼리티에 대한 방어적 자세를 취했던 일련의 시대적 모멘트들에도 비동시적이지만 상당 부분 겹쳐 있다.

최근의 예로 극우 패러다임이 구현된 '일베'와 계몽주의 기획의 주체들이었던 '깨시민'을 양극단의 맞짝으로 등치하고 이에 대해 서로 논쟁이 오갔던 경우를 살펴보자.[54] 겉보기에는 국정원 선거 개입 사태를 둘러싼 전략의 차이와 상호 비방에서 발생한 것처럼 보이지만 깨시민의 사상과 신념 체계에 해당하는 계몽주의가 그 개혁성과 자유주의적 함의를 잃고 극우 패러다임을 닮아가

---

54 트위터에 올라온 영화평론가 허지웅에 대한 발언으로 다음 칼럼을 참조. 노정태, 「촛불시위는 왜 취미 생활이 되었나」, 『경향신문』, 2013. 8. 20. http://news.khan.co.kr/kh_news/khan_art_view.html?artid=201308202129415&code=990100&s_code=ao051.

고 있는 사태에 더 주목해야 한다. '완전히 계몽된 세상이 알고 보니 재앙이었다'는 호르크하이머와 아도르노의 역설적인 탄식처럼 여기에 계몽주의의 역설적 측면이 있다. 역사적으로 그 실패가 입증된 해방 기획으로서의 계몽주의와 그것에 대한 피로에서 "합리적이고 자유주의적인 계몽주의"[55]만을 환영하는 일반적인 흐름이 최근의 계몽주의 담론의 추세다. 여기에서 '해방을 위한 계몽주의'의 중요한 요소인 '추상성the abstract' '보편성universality' '당파성partisan-ship'은 배제된다. 존 포칵의 진단처럼 "계몽주의라는 그릇된 통일체를 벗어나서" "다양한 목소리를 담아낼 수 있는 열린사회"를 표방하는 그런 자유주의적 계몽주의란 어떻게든 계몽주의를 깨끗이 씻어서 재활용해보려는 시도에 지나지 않는다.

하지만 '깨시민'과 '일베'가 맞닿아 있는 게 전적으로 계몽주의의 해방적 측면 탓인 걸까? 그레이가 지적했듯이 그리스도교 종말론의 세속화 판본인 계몽주의 기획이 현실 정치의 우연성을 하나의 총체적 기획으로 환원했기 때문에 20세기의 비극이 일어났던 걸까? 그러므로 이런 비판을 수용하고 계몽주의 전통에서 루소적인 급진적 평등주의의 이상을 제거하고 좀 더 민주적인 계몽주의로 계몽주의의 유산을 계승하는 게 우리에게 남아 있는 가능한 선택지일까? 오히려 좌파가 더는 계몽주의적 진보에 대한 신

---

55 알베르토 토스카노, 앞의 책, 405쪽.

념을 견지하지 않게 되고 그래서 미래에 대해 아무런 비전도 제시할 수 없게 된 상황, 여기서 역설적으로 지키려던 과거를 포기하고 대신 19세기 좌파의 관념이었던 '진보, 과학, 근대성, 집합 행위'를 '우파적 비즈니스'[56]로 전유하는 전도된 상황을 반영하고 있는 것으로 보는 게 더 타당하지 않을까?

이 지점에서 '반공주의'와 '계몽주의'를 그 화용론을 중심으로 비교해볼 필요가 있다. "자유민주주의를 반공주의로부터 지켜내자"라는 주장이 역설적으로 자유민주주의를 훼손하게 되었던 이유가 다름 아니라 반공주의의 의미와 그 범위를 통치 이념과 국가보안법에 따라 국가가 독점해서 규정했던 데 있는 것처럼,[57] 안티조선운동의 이념이었던 자유주의적 계몽주의가 애초에 "극우로부터 자유민주주의를 해방시키자"라는 이상에서 탈구되어 하나의 억압 기제로까지 타락한 이유는 바로 그 이념을 완전히 구현한 참여 정부와 그것에 의해 이 계몽주의, 즉 '깨어 있는 시민'이 독점 규정되었다는 사실에 있는 게 아닐까?[58]

종교의 정치적 형태, 즉 종교가 완전히 세속화된 상황에서도 '정치 종교'가 창궐하고 민주화가 달성된 이후에도 그 민주주의

---

56 미국 우파가 좌파의 급진 전략을 전유한 데 대해서는 다음을 참조. 토마스 프랭크, 『정치를 비즈니스로 만든 우파의 탄생』, 구세희 · 이정민 옮김, 어마마마, 2013.

57 문지영, 앞의 책, 203~205쪽.

58 예컨대, '산업화 대 민주화' '민주화 대 반민주화'의 적대처럼 말이다.

적 가치를 훼손하는 극우 패러다임이 다시 활력을 얻게 되는 이러한 위기의 상황을 요즘 유행하는 종말론적 수사로 기술하는 데 그치지 않고 좀 더 나아갈 필요가 있다. 이념 너머 극단주의와 광신주의가 합리성과 계몽의 논리와 외피를 뒤집어쓰고 출현하는, 열정과 분노가 추상화되지 못하고 수렴되지 못한 채 길을 잃고 방황하는 상황에 방점을 두어야 한다. 여기서 마르크스의 '종교 비판' 전략이 주효하다. 청년 마르크스 역시 반극우 전선처럼 종교로부터 인민을 해방하기 위해서 무신론과 계몽주의 전략을 차용했다. 즉, 인민의 허위 이데올로기와 광신을 신이 존재하지 않는다는 사실에 대한 의식과 교육의 차원에서 해소할 수 있다고 여겼던 것이다. 이런 그의 전략이 『헤겔 법철학 비판』에 이르러 수정된다. 상상적인 이데올로기를 '계몽'하더라도 여전히 그 이데올로기는 남아서 어떤 식으로든 기능하고 있다는 사실을 깨닫게 된 것이다. 여기에 그는 실추상real abtraction의 차원에서 종교적 광신주의의 문제를 바라보게 된다. 정치적 이념과 기획이 담아내고 추상화하지 못했던 방황하는 현실에 대한 인민의 분노와 좌절이 종교를 통해 추상화되고 있다는 사태에 주목한 것이다. 즉, 종교 비판은 신의 존재 여부에 대한 그릇된 의식의 문제 따위가 아니라 세계를 인식하는 '표상/재현representation'의 문제이고, 따라서 이러한 표상과 재현을 가능케 하는, 하지만 지금은 종교에 포섭되어 있는 인민의 열정과 분노를 어떻게 정치적 이념으로 (실)추상화할 수 있을까,

즉 어떠한 사회적 논리를 개발해서 그 열정과 분노를 추상화할 것인가의 문제로 나아간다. "인민의 환상적 행복인 종교의 폐기는 바로 인민의 현실적 행복에 대한 요청이다. 인민의 상황에 대한 환상을 포기하라는 요청은, 이 환상을 필요로 하는 상황을 포기하라는 요청"[59]이기 때문이다.

작년에 우발적으로 일어난 누추하고 비루한 '투신[actor][60]의 스펙터클은 진지하고 비극적인 '광신주의적' 투신을 차단하고 그것을 웃음거리로 전락시키는 구경꾼[spectator]의 계몽주의적 태도에서 역설적으로 가속화되었는지도 모른다. 문제는 추상화와 보편성의 폭력 대신에 개별 사실의 객관적 진위를 확인하고 그것을 계몽하는 데 있지 않다. 오히려 개인들의 열정과 분노가 특정 이해관계를 벗어나는 지점까지 충분히 추상화되고 주관화/주체화되는 데 이르지 못하고 있기에 과도한 주체화의 스펙터클이 단순히 '미학화된 무관심'과 냉대로 환원되는 일반화된 상황, 바로 여기에 극우와 그 주변이 유령처럼 떠돌고 있다는 데 있다.

---

59 카를 마르크스, 『헤겔 법철학 비판』, 강유원 옮김, 이론과 실천, 2011, 8쪽; 알베르토 토스카노, 앞의 책, 309쪽에서 재인용.

60 얼마 전 남성연대 대표였던 성재기를 추억하는 책이 출간되었다. 이 윤색된 애도와 기록의 방식에 대해서는 또 다른 비평이 필요할 것이다. 김동근, 『대한민국 최초의 남성 인권운동가, 성재기』, 연두 m&b, 2014.

6장 · 다시 파시즘을 생각하자

이택광

파시즘이라는 극우주의

　　파시즘에 대한 논의는 한국에서 금기 사항 중 하나이다. 파시즘이라는 말 자체를 누군가에 대한 '모욕'이라고 생각하는 경향마저 있다. 명백하게 파시즘적인 발언들, 예를 들어, 반여성적이거나 인종주의적인 언사를 쏟아내는 이들조차도 자신들을 향한 파시즘이라는 명명을 용인하지 않는다. 대신 '애국'이라는 말을 즐겨 사용하기도 하는데, 아이러니한 것은 '국가를 사랑한다'는 이 표현이야말로 파시즘의 특징 중 하나라는 사실일 것이다. 물론 하버마스처럼 복지국가라는 유럽의 가치를 지키자고 긍정적 의미로 '유로 애국주의Euro-patriotism'를 주창하는 경우도 있지만, 대체로 유럽에서 애국주의라는 것은 민족국가nation-state 이후 형성된 배타적인 국가 중심주의를 의미한다.[1]

　　정치적 경향성으로서 애국주의는 다양한 현상으로 나타나지만, 여기에서도 가장 극단적인 형식이 파시즘일 것이다. 파시즘은 극

1　David Robertson, *The Routledge Dictionary of Politics*, London: Routledge, 2002.

우주의의 주요 특징이라고 할 수 있는 반공주의와 권위주의를 골자로 하는 역사적이면서 동시에 현재적인 정치사상이다. 국가별로 다양한 파시즘의 조류가 있지만, 서로 공유하고 있는 지점은 반이민주의와 인종주의라고 할 수 있다. 게다가 파시즘은 고유의 포퓰리즘 때문에 보수주의와 비슷하게 반여성주의적이고 권위적인 성향을 띠게 된다. 파시즘이 근거로 내세우는 인종주의는 우수한 집단과 열등한 집단을 서로 섞으면 역사 발전에서 도태한다는 사회다윈주의의 영향에서 기인한다. 사회다윈주의는 위기에 처한 자유주의의 한계를 비판하면서, 공리주의적인 도덕이 아니라 최적자를 가려내는 경쟁을 중요한 역사 발전의 원동력으로 파악한 사회 이론이다. 역사 발전에서 생존하기 위해 우수한 인자를 열등한 인자로부터 지켜내야 한다는 파시즘의 논리는 이런 사회다윈주의의 관점을 극단적으로 윤색한 것이라고 하겠다. 특히 독일의 나치즘은 자본주의와 공산주의를 유대인의 유물론이라고 동시에 비판하면서 '주인 인종master race'으로서 아리안족의 우월성을 회복해야 한다고 역설하기도 했다.

　진화주의적 태도를 취한다는 점에서 극우주의로서 파시즘은 기본적으로 약자에 대한 혐오와 배제를 깔고 있지만, 그렇다고 이런 특징이 파시즘만의 것이라고 말하기는 어렵다. 사회다윈주의 자체가 자유주의의 위기에 대한 대응으로 등장한 것이라는 점에서 파시즘과 친화성이 높을 수밖에 없겠지만, 과거의 전통과 단절하고 산업 문명이라는 물적 토대 위에서 진행된 근대화 자체가 이런 특징을 배태하고 있다는 사실도 부정할 수는 없다. 근대를 구성하는 요소 중 하나가 바로 계몽 이전의 세계를 미개하고 원시적인 것으로 대상화하고 경제를 중심으로 삼는 새로운 패러다임을 내재화하는 것이기 때문이다. 그러나 최소한 공리주의는 개인을 '특이성의 존재'로 파악하고, 비교 불가한 고유성의 구현으로 믿었다는 점에서 도덕철학적인 입장을 분명히 했다. 존 스튜어트 밀만 하더라도, 개인의 고유성을 훼손하는 문명의 발전은 오히려 인간의 삶에 해가 된다고 못 박고 있다. 밀은 다음과 같이 말한다.

> 우리는 변화무쌍할 뿐만 아니라 진보적이다. 우리는 지속적으로 기계를 발명하고, 그 기계들은 더 나은 것으로 끊임없이 교체된다. 우리는 정치, 교육, 심지어 도덕에서도 개선을 염원한다. 물론 이런 개선의 생각은 다른 이들을 우리만큼이나 선하게 만들기 위해 설득 또는 강제할 수 있다는 것이다. 우리는 진보에 반대하지 않는다. 반대로, 역사상 누구보다도 우리가 가장 진보적인 사람들이라고 자신들에게 아첨한다. 우리가 전쟁을 선포한 상대는 개인성이다. 우리 자신을 스스로 어슷비슷한 존재로 만들었다면 도대체 우리가 이룩한 경이로운 업적들은 무엇인지 생각해봐야 한다. 개인들이 서로 다르다는 것을 망각하지 않는 것이야말로 자신의 유형에 내재한 불

완전성을 깨닫고 타인의 우수성에 주목하거나, 아니면 둘의 장점을 합쳐서 둘보다 더 나은 것을 만들어낼 가능성을 따져보게 만드는 중요한 동기다.[2]

이런 밀의 진술은 최적자생존을 위한 경쟁만이 역사를 발전시킬 수 있다고 주장하는 허버트 스펜서의 사회다원주의와 달라도 한참 다른 내용이다. 오히려 영국의 공리주의, 다시 말해서 경제적 자유주의는 경제를 제대로 관리·경영할 수 있는 정부의 수립에 더 많은 관심을 기울였다. 자유주의의 입장에서 본다면, 정치의 목적은 자유로운 개인의 경제활동을 보장하는 것이기 때문이었다. 그러면 만사형통이라고 생각했던 것이다. 푸코도 지적하듯이, 근대는 이렇게 공동체와 정부의 관계에 대한 자유주의적인 이론의 출현으로 요약할 수 있다. 그러나 여기에서 이론이라는 것은 통치술이나 방법에 대한 것이라기보다, 어떻게 개인을 훈육해서 대상화하면서 동시에 주체로 만들어낼지에 대한 것이다.[3] 이전까지 통치의 문제는 군주의 권리였지만, 근대는 수직적 권력관계를 수평적인 것으로 만들어내면서 인민people이라는 새로운 집단에게 주권을 부여하는 과정이기도 했다. 이 과정에서 정치적

2 John Stuart Mill, *Utilitarianism and On Liberty*, Oxford: Blackwell, 2003, p. 144.
3 Michel Foucault, "The Subject and Power", *Critical Inquiry*, Vol. 8, 1982, pp. 777~795.

개인의 집합인 인민은 정치체제의 객체이자 동시에 주체로 새롭게 태어난다.

근대의 정치체제는 위에서 아래로 권력을 집행하는 것이 아니라, 권력과 지식을 서로 결합시킴으로써 개인의 마음을 간섭한다. 위로부터 실행되는 입법의 과정과 아래로부터 이행되는 규범의 체득이 동시에 일어나는 것이 근대 권력의 작동 방식이다. 따라서 근대에서 지배는 항상 복종과 쌍을 이룬다. 일방적인 지배와 복종은 없다. 언제나 동의를 전제하는 근대의 민주주의는 실제로 동의하지 않는 이들을 합법적으로 배제할 수 있는 장치이기도 하다. 파시즘과 같은 극우주의는 이런 근대의 작동 원리와 연동하는 것이라고 볼 수 있다. 오히려 과감하게 말하면 극우주의야말로 근대에 대한 열망 이외에 다른 것을 인정하지 않으려는 파시즘을 모태로 삼는 것이라고 볼 수 있겠다. 이런 가설은 파시즘을 광기나 광신으로 규정해서 전근대적인 현상으로 인식하는 태도에 반하는 것이다. 그러나 파시즘의 양상이 전근대적인 것에 대한 지향이나 향수를 간직하고 있더라도, 파시즘 자체를 싸잡아 전근대적인 태도라고 말하기는 어렵다. 역설적으로 근대를 완성하기 위해 파시즘은 전근대적인 것을 복원해야 한다고 주장하는 입장에 가깝다.

따라서 파시즘을 특이한 행동 양태나 일탈 행위라기보다 근대에 대한 하나의 이론이자 사상으로 접근하는 태도가 필요하다. 파시즘은 일부 광신 집단의 맹동이 아니라, 근대의 원리에 내재하고 있는 권력작용의 극단화라고 보는 것이 훨씬 설득력 있다. 이런 맥락에서 극우주의로서 파시즘은 실천력을 획득하려는 하나의 이론이자, 동시에 개인의 규범을 좌우하는 사상이다. 이런 까닭에 파시즘에 대한 진지한 접근은 근대와 정치의 관계를 탐구하기 위해 필수적이라고 할 수 있다. 특수한 시기나 사례로서 파시즘을 이해하는 것이 아니라 근대라는 보편성을 토대로 전개되는 이데올로기의 문제로 이 극우주의 정치 운동을 조명해봐야 하는 것이다.

발생적 파시즘론의 한계

이 글은 파시즘과 사회주의를 비교·분석하려는 의도를 가지고 있지 않기에 전체주의라는 일반적인 정의로 포괄할 수 없는 두 정치 이론의 속성을 언급하지는 않을 것이다. 다만, 한나 아렌트로 대표되는 전체주의의 논의와 파시즘을 연결하는 것은 자칫 비슷한 양상으로 전개된다는 이유로 전혀 다른 목적을 가졌던 파시즘과 사회주의를 동일한 것으로 취급하는 오류를 범할 수 있다. 실제로 이런 환원주의를 한국에서 발견하기란 어렵지 않다.[4] 파시즘이 국가를 부르주아의 이해관계를 중심으로 중간계급과 노동계급의 지지를 얻어내고자 하는 정치 운동이라면, 사회주의는 부르주아의 이해관계를 해체하려는 정치 운동이다. 이 차이는 전체주의에 대한 논의에서 주장하는 것보다 더 중요한 결과를 노정한다.

게다가 전체주의라는 용어는 냉전 이데올로기의 산물이라는 혐의가 짙다. 한국처럼 여전히 냉전 이데올로기가 위력을 발휘하는 조건에서 전체주의라는 용어는 박정희 체제와 북한 체제를 하나의 범주로 포괄해버리기 위해 자주 동원된다. 이런 주장은 다분히 자유주의적인 입장을 강화하기 위한 것이라고 볼 수 있지만, 파시즘 대신 전체주의라는 용어를 차용하는 것에서 발생하는 문제는 고스란히 자유주의적인 입장에 내재하고 있는 이론적 한계와 무관하지 않다고 하겠다. 전체주의로 파시즘을 뭉뚱그려 다루는 것 못지않은 편향을 지적하자면, 파시즘 자체를 특정한 정치적 시기에 발생한 특수한 사건으로 못 박아버리는 입장이다. 한국의 경우 이런 주장은 주로 진보적 자유주의자에게서 발견되지만, 넓게 보아 마르크스주의의 영향 아래 있는 좌파적 입장에

---

4 대표적으로 복거일의 주장을 사례로 들 수 있을 것이다. 그는 통합진보당 사건을 논하는 칼럼에서 전체주의라는 개념을 동원해 '종북주의'를 비판한다. 그의 논의에 따르면, 전체주의는 자유주의에 반대되는 이념인데, '절차적 안정성'을 무시하기 때문에 선악에 대한 객관적 기준을 설정하지 못하고, 그 때문에 지도자의 오류를 수정할 수 없는 비효율적인 체제를 만들어낸다. 「우리 사회에 깊이 스며든 전체주의」, 『한국경제』, 2012. 5. 22. http://jkjtv.hankyung.com/column/newsview.php?aid=2012052202511&sid=&nid=501&ltype=1&category=opinion.

서도 쉽게 발견할 수 있다. 전자는 아마도 로버트 팩스턴의 『파시즘의 해부』에서 깊은 영향을 받은 것이라고 볼 수 있고, 후자는 니코스 풀란차스의 영향 때문이라고 판단할 수 있을 것이다.

먼저 팩스턴은 파시즘을 다섯 단계로 나누어서 파악하는 분류법을 제시한 것으로 유명한데, 첫 번째로, 파시즘 운동이 최초로 시작되고, 두 번째로, 정당을 설립하고, 세 번째로, 권력을 장악하고, 네 번째로, 권력을 실행하면서, 마지막으로, 급진화 또는 한계치에 도달한다는 것이다.[5] 후일 팩스턴은 여기에 몇 가지 특징을 더 추가하는데, 파시즘은 '공동체의 쇠퇴에 대한 강박적 몰두'와 '모멸감 또는 피해자 의식'에 사로잡힌 이들이 취하는 정치적 행동으로서, 통합과 에너지, 그리고 순수성에 대한 보상적 숭배에 빠지는 심리 상태를 보인다고 진단한다. 이 과정에서 파시즘은 민주적 자유를 포기하고 폭력을 문제 해결의 방법으로 동원하고 법과 윤리적인 제약을 뛰어넘어 내부의 적을 박멸하면서 외부로 자신의 생각을 확산시켜야 한다는 목적을 제시하게 된다는 것이다.[6]

그러나 이미 여기에서 눈치챘겠지만, 이런 분류법 자체에서 팩스턴의 파시즘론은 내재적 한계를 노출하고 있다. 로저 그리핀

---

5 Robert O. Paxton, "Five Stages of Fascism", *The Journal of Modern History*, Vol. 70, 1998, p. 14.

6 Robert O. Paxton, *The Anatomy of Fascism*, New York: Vintage, 2005, p. 218.

이 제시한 '발생적 파시즘generic fascism' 논의에 영향을 받은 팩스턴은 파시즘의 특징을 현상적으로 나열함으로써 유형적인 차원에서 파시즘을 규정하고자 한다. 그러나 경험적 사례에 기반한 이런 현상학적 분류는 파시즘에 대한 근본 이해를 주지 못한다. 파시즘은 단순한 현상이라기보다 구조적 모순 때문에 발생하는 이데올로기적인 문제다. 이데올로기적인 문제는 인식과 관련한 것이다. 근대는 공동체와 통치 체제의 관계에 대한 합리적 인식의 출현을 의미한다. 자유주의는 여기에 설명을 제공하는 이론이었다. 근대를 합리성이라고 규정할 수 있다면, 그 이유는 공동체를 통치하고 관리하기 위한 정부의 문제에 대한 이론적 논의들, 다시 말해서 정치적 합의에 대한 대화의 장이 근대에 이르러 비로소 가능했기 때문이다. 무엇보다도 여기에서 핵심적인 것은 사법제도의 정립이다. 사법제도는 새로운 규범을 만들어내는 거푸집 역할을 했다. 기승을 부렸던 마녀사냥이 사법제도의 확립을 통해 소멸한 것은 근대의 의미를 되새겨보게 만드는 대표적 사례다.[7]

파시즘은 이런 자유주의와 다른 입장에서 근대를 설명하고자 했던 정치 이론이다. 표면상으로 이론과 지성을 거부하고 비합리적인 태도를 취한다는 이유로 파시즘을 종종 전근대적이고 퇴행

---

7 마녀사냥과 사법제도의 관계에 대한 논의는 다음을 볼 것. 이택광, 『마녀 프레임』, 자음과모음, 2013.

적인 사상으로 규정하지만, 바로 그 자체가 파시즘의 논리를 형성하는 이론적 토대인 것이다. 마치 모든 이데올로기를 거부하는 냉소주의 자체가 이데올로기의 일종인 것처럼, 파시즘 역시 모든 이론과 지성을 거부하고 비합리성을 옹호하는 반이론의 이론이다. 대화의 가능성을 부정하는 비합리적인 파시즘이 대중을 동원할 수 있는 까닭은, 발터 벤야민이 일찍이 지적했던 '정치의 심미화the aestheticization of politics' 덕분이다. 이 심미화가 바로 상품화의 원리다. 상품화는 추상적 화폐가치의 매개를 통과한 비합리적인 물신화의 산물이다. 이런 원리에 따라 파시즘은 정치를 상품화함으로써 심미적인 정동affect으로 합리성의 자리를 대체한다.

팩스턴의 주장은 이런 파시즘의 특징을 유형학으로 환원시켜 결과적으로 파시즘의 경계를 모호하게 만든다. 파시즘을 파시즘이게 만드는 '최소적인 것minimum'을 밝힌다는 명목으로 파시즘과 관련한 현상만을 나열함으로써 상대주의의 함정에 빠질 수 있는 것이다. 물론 그렇다고 해서 이런 분류법이 무의미하다는 것은 아니다. 분명히 파시즘은 팩스턴이 사례로 드는 특징들을 보여준다. 그러나 이런 특징들은 '성공한 파시즘'에 한정해서 나타나는 것이기도 하다. 유럽이라는 지역을 벗어났을 때, 특히 한국처럼 파시즘과 자유주의가 끊임없이 경합을 벌이면서 근대화를 이룩한 국가에서 파시즘은 훨씬 더 복잡한 양상을 띠게 된다.

극우적인 것의 구조

파시즘을 독일과 이탈리아에서 발생한 전간기^{interwar period}의 현상으로 국한해서 파악하는 태도에 대해 '발생적 파시즘'을 주창한 그리핀이 동의하는 것은 아니다. 오히려 최근 들어 그리핀은 유럽 지역을 넘어서서 전개되고 있는 현재적 파시즘의 의미를 파악하기 위해 독일과 이탈리아의 파시즘에 대한 연구를 활용하고 있기 때문이다. 그러나 그의 접근은 앞서 팩스턴의 사례에서 확인했듯이, 유형론의 범위를 벗어나지 못한다. 결과적으로 독일과 이탈리아의 파시즘을 기준으로 다른 지역의 파시즘을 진단하고 있기 때문이다. 이런 문제는 마르크스주의적인 접근이라고 할 수 있는 풀란차스의 경우도 크게 다르지 않다.

풀란차스는『파시즘과 독재』라는 책에서 파시즘을 제국주의라는 자본주의 최후 단계에 조응하는 이데올로기로 보았다.[8] 그의 주장은 레닌의 정의를 따른 것으로, 자본주의와 파시즘의 문제를 연관시키는 단초를 제공하는 것이라고 볼 수 있다. 풀란차스는 구조주의적 마르크스주의의 관점에서 파시즘에 대한 역사주의적 접근을 버리고 파시즘의 '예외성'에 대한 이론적인 고찰을 제공하

---

8 Nicos Poulantzas, *Fascism and Dictatorship: the Third International and the Problem of Fascism*, trans. Judith White, London: NLB, 1970, p. 17.

고자 하는데, 이런 논의는 역사적 특수성을 강조하면서 파시즘을 역사적 산물로 치부하고 박물관의 유물로 만들어버리는 기존의 입장들과 다소 다른 접근이라고 할 수 있다.

특히 풀란차스의 분석에서 흥미로운 것은 '예외적인 국가'와 파시즘의 문제를 연결시키고 있다는 점이다. '예외적인 국가' 또는 '극단적인 국가'라는 개념은 파시즘을 병리학적 차원에서 규정하던 기존의 경향과 다른 관점을 보여준다. 이런 풀란차스의 주장을 적극적으로 고려한다면, 파시즘은 이데올로기적인 측면에서 '예외적 국가'를 정당화하기 위한 인식적 토대를 구성하는 것이라고 볼 수 있을 것이다. 이 '예외적인 국가'가 파시즘의 산물이 아니라, 벤야민이 말하듯이, 부르주아국가의 항상성이라고 볼 수 있다면, 파시즘 역시 과거의 유물로 간단히 치부할 수 있는 사안이 아니게 된다. 풀란차스의 지적처럼, 파시즘은 부르주아 민주주의를 통해 야기된 정치 위기, 다시 말해서 계급투쟁의 산물이면서 역설적으로 부르주아의 이해관계를 위해 복무하는 이중성을 보인다. 파시즘이 부르주아 정치 위기의 산물로서 오히려 중간계급과 노동계급의 지지를 받아 부르주아 독재를 폐기하는 것이 아니라 강화하는 것이라는 관점은 충분히 수긍 가능하다.

그러나 파시즘에 대한 구조적 접근을 가능하게 만들어준다는 점에서 긍정적이면서도, 풀란차스 역시 파시즘을 역사적 정치체제로 보고, 제국주의라는 자본주의 최후 단계라는 특정한 조건에 부합하는 현상으로 파악한다는 점에서 그리핀처럼 발생적으로 파시즘을 파악하는 논의의 맹점을 되풀이하고 있다. 레닌의 제국주의론은 분명히 자본주의의 연장 또는 심화로서 제국주의를 고찰할 수 있게 하지만, 그럼으로써 동시에 전후 전개된 새로운 냉전 체제의 복잡성을 제국주의의 문제로 일원화하는 한계를 벗어나지 못했다. 내 생각에 파시즘을 풀란차스나 그리핀처럼 전간기에 등장한 특수한 상황으로 규정하는 것은 극우주의로서 작동하는 파시즘을 이데올로기적인 관점에서 접근하는 것을 방해한다. 여러 극우주의 중 하나로서 파시즘을 파악하는 것은 과연 정당한가. 오히려 극우주의 뿌리에 파시즘이 있다는 것, 다시 말해서 극우주의는 세계대전을 통해 극적으로 19세기 경제적 자유주의가 위기에 봉착함으로써 전면적으로 모습을 드러낸 고전적 파시즘의 변용이자 귀환이라고 생각하는 것이 더 설득력 있지 않을까.

결론적으로 말하자면, 파시즘은 "포스트 자유주의적 자본주의postliberal capitalism에서 등장하는 정치적 상품이자 이데올로기적 생산의 형식"[9]이라고 말할 수 있다. 파시즘은 무엇보다도 정치적인 상품이다. 자본주의 체제에서 상품은 단순한 사물에 그치지 않고, 대중에게 세계관을 부여하는 소통의 수단이다. 앞서 언급했듯이,

---

9 Daniel Woodley, *Fascism and Political Theory: Critical Perspectives on Fascist Ideology*, London: Routledge, 2010, p. 14.

여기에서 소통이라는 것은 정동의 교환을 의미한다. 파시즘은 '신념'에 기반을 둔 절제된 자기 규율화를 요구함으로써 '불쾌한 쾌락'을 발생시킨다. '즐겨라'라고 속삭이는 자본주의 쾌락원칙과 이런 파시즘의 요구는 상반된 것처럼 보인다. 그러나 이 모순이 바로 파시즘을 대중에게 인준하게 만드는 요인인 것이다. 범람하는 자본주의 쾌락에 맞서 자기를 규율하면서 쾌락을 느끼는 이중성이 발생하는 것이다. 이런 규율적 정동의 효과는 자기에게 해를 끼치는 정치에 대한 동의로 나타나기도 하는데, 파시즘은 바로 이런 대중의 원리에 근거해서 영웅 서사를 만들어낼 수 있다.[10]

또한 이 정의에서 중요한 것은 파시즘이 자유주의의 붕괴 또는 위기에 조응한다는 사실이다. 이런 관점에서 파시즘은 신자유주의처럼 경제적 자유주의의 위기에 대한 하나의 정치적 대응이라고 볼 수 있다. 다시 말하면 자유주의의 통치 기술이 실패하고, 국가의 기능이 제대로 작동하지 않을 때, 파시즘은 '극단적인 국가'를 회복하려는 시도로 나타나게 되는 것이다. 따라서 파시즘은 자유주의를 통해 억압된, 그리고 통치와 경제의 불일치라는 균열에 도사리고 있는 정치의 귀환이라고 볼 수 있다. 풀란차스의 지적처

---

10 여기에 대한 논의는 다음을 볼 것. Robert Pfaller, *On the Pleasure Principle in Culture: Illusions without Owners*, trans. Lisa Rosenblatt, London: Verso, 2014, pp. 193~194. 물론 이 논의는 신자유주의의 수용 방식에 대한 것이지만, 신자유주의 역시 파시즘과 마찬가지로 자유주의 통치 기술의 위기에 대응한 이데올로기라는 점에서 비슷한 양상을 띤다고 할 수 있다.

럼 파시즘 운동은 분명히 계급투쟁이라는 정치 위기의 산물이다. 다만 그 정치가 부르주아의 지배 구조를 폐지하는 방향으로 가지 않고, 그것을 정상화 또는 강화하는 방향으로 가게 되는 것이다.

파시즘과 신자유주의

자유주의에 대한 반발이라는 점에서 파시즘은 신자유주의의 권위주의와 구분할 필요가 있다. 신자유주의는 반대로 자유주의 정부의 역할을 폐기하지 않는다. 물론 아시아 국가들의 사례에서 볼 수 있듯이, 파시즘은 필요에 따라 자유주의와 연대함으로써 보수주의의 색채를 띠기도 한다. 그러나 근본적인 불화가 둘 사이에 있다는 것을 부정할 수는 없다. 파시즘과 달리 신자유주의는 스펜서의 사회다원주의에서 경쟁주의를 차용함으로써 공리주의의 한계를 극복하고자 하는 이데올로기이다. 경쟁의 문제를 '어떻게 살 것인가'라는 규범의 문제로 흡수함으로써, 신자유주의는 파시즘과 달리 자유주의의 합리성을 극대화하고자 한다. 자유주의는 파시즘의 인큐베이터라고 볼 수 있는데, 이런 관계에 대한 중요한 단서를 우리에게 익히 알려진 칼 폴라니의 논의에서 발견할 수 있다.

『거대한 전환』에서 폴라니는 자유주의 정부의 자가당착을 논하면서 "자유방임주의에서 자연스러운 것은 아무것도 없었다"[11]라고 지적한다. 단도직입해서 말하자면, 정부의 개입 없는 자유시장 경제 따위는 환상에 불과하다는 주장이다. 공리주의, 다시 말해서 경제적 자유주의는 최대 다수의 최대 행복을 추구하기 위한 수단으로 자유방임주의를 제시했지만, 오히려 자유방임주의는 수단이라기보다 달성해야 할 목적이었다고 폴라니는 비판한다. 경제를 우선에 두는 자유주의 정부에게 자유방임주의는 사실상 표면적인 명분일 뿐이었다는 말이다. 따라서 자유주의 정부는 서로 모순된 정책을 추진할 수밖에 없는데, 정부가 개입해서 시장을 창출하는 한편, 그 개입을 제한하는 메커니즘도 수립해야 했다. 또한 자유주의 정부는 시장 중심 사회로 이행하는 운동을 지원하는 한편, 시장 메커니즘에 저항하는 시민사회의 '반대 운동'도 허락하고 강화해야 했다. 이 모든 모순의 균형을 맞추는 것이 이를테면 푸코가 말하는 자유주의 통치 기술일 것이다. 왜 이렇게 자유주의 정부는 모순된 개입을 실행할 수밖에 없을까. 바로 경제성장이라는 통치의 목적을 달성해야 하기 때문이다. 폴라니에 따르면, 당시 공리주의자들은 경제 요소의 시장화가 자본주의 성장의 전제 조건이라고 믿었다. 따라서 경제적 자유주의에 기반을 둔 '경영 국

11 Karl Polanyi, *The Great Transformation: The Political and Economic Origins of Our Time*, Boston: Beacon, 1944, p. 139.

가'는 시장경제와 시민사회를 만들어내면서 동시에 규제하고, 시장의 역동성을 활성화하면서 동시에 그 때문에 시민사회가 붕괴하는 것을 방지해야 하는 이중의 임무를 지게 되는 것이다.

이렇게 경제적 자유주의 정부는 항상 내재적 모순을 배태할 수밖에 없고, 이로 말미암아 파시즘의 반동과 제2차 세계대전이 발발했다는 것이 폴라니의 진단이다. 1920년대의 경제 위기는 자기규제적인 시장을 복원하기 위한 정책들을 촉발했고, 그 결과로 금융자본이 경제활동의 우위를 점하는 현상이 발생했다. 경제 위기를 해소하기 위한 통화안정과 세계무역의 자유를 보장하기 위해 자유주의 정부는 공적인 자유와 민주주의적 삶을 포기하는 방향으로 나아갔다. 이 시기를 폴라니는 '거대한 전환'으로 보는 것인데, 파시즘은 이렇게 작동하지 않는 시장의 증상이자 동시에 19세기 자유주의적 자본주의의 종언 때문에 등장했다는 것이 폴라니의 주장이다. 이처럼 폴라니는 붕괴한 시장-사회의 메커니즘을 회복하기 위해 경제를 폭력적으로 재사회화하려는 정치적 기동으로 파시즘을 파악한다. 폴라니의 분석은 자유주의와 파시즘의 연관성을 고찰하고 있다는 점에서 중요한 통찰을 제공한다. 그러나 폴라니의 주장에서 문제는 파시즘을 19세기 자유주의 이상의 종언으로 읽어내는 부분이다. 말하자면, 그에게 파시즘은 자유주의의 파국인 셈이다.

이런 견해는 그럴듯하게 보이지만, 지금까지 논의한 파시즘의 역사화^historicization에서 크게 벗어나지 않는 시각이다. 파시즘은 19세기 자본주의의 실패로 출현한 일시적 증상이었다는 뜻인데, 폴라니가 생각하는 것과 달리 자유주의가 종언을 고하지 않고 살아남았다면 문제는 달라진다. 파시즘 이후의 역사가 폴라니의 생각처럼 국가의 귀환을 통한 시장의 통제라고 볼 수 없다면, 케인스주의가 사회주의에 대응하기 위한 자유주의적 대책이자, 자유주의의 위기를 해결하기 위한 또 다른 신자유주의^New Liberalism였다면, 파시즘을 잠깐 나타났다 사라진 특수한 과열 현상으로 치부하기 어려워진다.

피에르 다르도와 크리스티앙 라발은 이런 폴라니의 한계를 지적하면서, 자유주의 정부가 시장을 창출하고 사회를 보호하기 위해 개입하는 것 이외에 "시장의 작동을 위해 개입"[12]하는 메커니즘도 있다고 말한다. 전후 붕괴한 시장을 재건하기 위해 케인스주의가 내세운 것이 국가의 개입이었다면, 복지제도 때문에 교착상태에 빠진 시장의 작동을 다시 되살리기 위해 신자유주의가 내놓은 이론이 바로 경쟁주의였다. 앞서 언급했듯이, 신자유주의자들은 스펜서의 사회다원주의에서 경쟁 개념을 차용, 경쟁 체제를 도입함으로써 시장경제를 활성화해야 한다고 주장했다. 당연한 말이

---

12 Pierre Dardot and Christian Laval, *The New Way of the World: On Neoliberal Society*, trans. Gregory Elliott, London: Verso, 2014, p. 82.

지만, 그 경쟁 체제를 도입하는 당사자는 그 누구도 아닌 정부다. 이런 까닭에 신자유주의 정부는 자신을 통해 자신을 폐기하는 아이러니에 처하게 되는 것이다.

이것이 바로 푸코가 말년에 분석한 신자유주의의 출현 과정이다. 폴라니가 미처 천착하지 못했던 지점은 시장의 작동을 유지하는 것과 자유방임주의의 실현은 동일한 것이 아니었다는 사실이었다. 신자유주의적 경제학자들은 과감하게 시장 경쟁주의를 위해 자유방임주의를 폐기할 수 있었다. 그것이 경제를 성장하게 만들고 시장을 계속 작동시켜야 하는 자유주의 정부의 존재 이유였기 때문이다. 신자유주의는 폴라니의 주장과 달리 국가의 축소나 해체라기보다 새로운 국가의 개입주의를 승인하는 이데올로기 또는 규범 체계였다고 볼 수 있는 것이다.

결론

지금까지 살펴본 것처럼, 파시즘은 자유주의 정부의 개입에 대처하기 위해 출현한 정치 이론이라고 볼 수 있다. 정치 이론은 정치 이론이되, 자유주의의 합리성을 거부하는 반이론의 이론이다. 따라서 파시즘의 비합리성은 자유주의의 관점에서 그렇게 비치는 것이지 자유주의에 대항하는 정치 이론으로서 그 나름대로 내적 논리를 갖추고 있다는 사실을 부정하기 어렵다. 파시즘이 일종의 증상이자 현상에 지나지 않는 것이라면, 국제적 운동의 양상으로 확산되어서 유럽이 아닌 지역에서 공감을 획득하기는 어려웠을 것이다. 특히 민족주의가 강력하게 작동했던 20세기 초반 아시아 국가의 경우에서 확인할 수 있는 것처럼, 자유주의를 우회한 아시아적인 근대화가 파시즘과 일정하게 결합되어 있었다는 역사적 사실은, 이런 관점을 채택한다면 제대로 설명하기 힘들다. 미국의 개입으로 자유주의의 영향을 강하게 받기 이전까지 아시아에서 마르크스주의와 더불어 파시즘은 엄연히 혁명적 정치 이론으로 대접받았다. 신해혁명의 주역이자 국민당의 창설자인 쑨원이 대표적인데, 그는 중국 재건을 위해 필요한 것으로 산업 문명에 기반을 둔 마르크스주의보다 민족의 재생을 주장하는 파시즘을 더 중요하게 거론했다. 강력한 엘리트 집단의 독재를 통해 민족적이고 국가 주도적인 경제개발을 시행하는 것이 중국 혁명의 우선 과제라고 판단했던 것이다.[13] 이런 사정은 한국도 예외라고 보기 어렵다. 박정희가 공공연하게 히틀러에 대해 긍정적으로 평가했다는 것을 어렵지 않게 확인할 수 있다. 파시즘을 파시즘으로 규정하는 것은 아이러니하게도 자유주의이다. 자유주의적 규

---

13 James Gregor, *A Place in the Sun: Marxism and Fascism in China's Long Revolution*, Boulder: Westview Press, 2000, p. 16.

정이 없다면 파시즘은 민족주의와 뚜렷하게 분리되지 않는다. 자유주의적인 시각에 비치는 아시아적인 민족주의는 종종 파시즘의 특징과 혼동을 일으키기도 한다. 파시즘의 양상을 다른 극우주의적인 현상들과 구분하는 것은 가능한 일이겠지만, 극우주의 자체가 파시즘적인 현상이라는 사실을 인정할 필요가 있다. 극우주의가 전제하는 근본주의의 밑바탕에 놓여 있는 것은 근대를 통과하면서 상실된 원형적인 민족성이다. 이런 원형성에 대한 상상력이 없는 극우주의는 존재할 수 없다.

파시즘은 자유주의의 합리성으로 설명되지 않는 정치를 포섭하고 그것에 의미를 부여한다. 그 방식은 합리적인 것이라기보다 정동의 교환이라는 심미적인 것이다. 그 나름대로 교환의 형식을 따르는 셈이다. 정치적 상품으로서 파시즘은 쾌락원칙에 충실하다. 이런 까닭에 파시즘은 기원적으로 포퓰리즘에 기반을 둘 수밖에 없다. 다양한 극우주의는 파시즘의 극단주의와 포퓰리즘이 서로 결합해 나타나는 현상이라고 볼 수 있을 것이다. 따라서 신자유주의의 시대에 파시즘은 포퓰리즘적인 특징 때문에 보수주의적인 양상을 띠게 되는 것이라고 볼 수 있다. 이런 맥락에서 파시즘의 보수화는 경쟁주의를 핵심으로 삼는 신자유주의의 논리에 따른 결과이다. 그러므로 어떤 현상을 두고 파시즘이냐 아니냐 사실관계를 따지는 것은 극우주의의 문제에 대한 논의에서 중요한 것이 아니다. 시급한 것은 현상적 차원에서 파시즘을 분류하고 규정하는 것이 아니라, 자본주의의 모순이 지속되는 한, 그리고 자본주의 외부에 대한 상상력이 봉쇄되어 있는 한, 경제를 우선에 놓는 자유주의와 정치에 우선성을 부여하는 파시즘은 구조적으로 연동할 수밖에 없다는 사실을 직시하는 것이다.

모멘툼 vol. 01

지금, 여기의 극우주의

ⓒ 박권일 김민하 김진호 남상욱 문순표 이태광, 2014

초판 1쇄 인쇄 2014년 11월 4일
초판 1쇄 발행 2014년 11월 18일

지은이   박권일 김민하 김진호 남상욱 문순표 이태광
펴낸이   강병철
주간   정은영
편집   임채혁 이수경
마케팅   이대호 최형연 전연교 이현용
홍보   김선미

펴낸곳   자음과모음
출판등록 1997년 10월 30일 제313-1997-129호
주소   121-840 서울시 마포구 서교동 396-33번지
전화   편집부 02) 324-2347 경영지원부 02) 325-6047
팩스   편집부 02) 324-2348 경영지원부 02) 2648-1311
이메일   inmun@jamobook.com
커뮤니티 cafe.naver.com/cafejamo
홈페이지 www.jamo21.net

ISBN 978-89-5707-822-8 (04300)
      978-89-5707-821-1 (set)

이 도서의 국립중앙도서관 출판예정도서목록(CIP)은 서지정보유통지원시스템
홈페이지(http://seoji.nl.go.kr)와 국가자료공동목록시스템(http://www.nl.go.kr/kolisnet)에서
이용하실 수 있습니다.(CIP 제어번호:CIP2014030474)